自诉转公诉的"庭前幕后"

浙江余杭网络诽谤案

最高人民检察院第一检察厅
浙江省人民检察院
检察日报社

组织编写

中国检察出版社

图书在版编目（CIP）数据

自诉转公诉的"庭前幕后"：浙江余杭网络诽谤案/最高人民检察院第一检察厅，浙江省人民检察院，检察日报社组织编写．—北京：中国检察出版社，2021.12
　ISBN 978-7-5102-2658-8

Ⅰ.①自… Ⅱ.①最… ②浙… ③检… Ⅲ.①计算机犯罪—刑事犯罪—案例—余杭区 Ⅳ.①D927.554.430.5

中国版本图书馆CIP数据核字（2021）第233186号

自诉转公诉的"庭前幕后"：浙江余杭网络诽谤案
最高人民检察院第一检察厅　浙江省人民检察院　检察日报社　组织编写

责任编辑：王　欢
技术编辑：王英英
封面设计：龙　惠

出版发行：中国检察出版社
社　　址：北京市石景山区香山南路109号（100144）
网　　址：中国检察出版社（www.zgjccbs.com）
编辑电话：（010）86423703
发行电话：（010）86423726　86423727　86423728
　　　　　（010）86423730　86423732
经　　销：新华书店
印　　刷：北京联合互通彩色印刷有限公司
开　　本：710mm×960mm　16开
印　　张：14.25
字　　数：163千字
版　　次：2021年12月第一版　2021年12月第一版印刷
书　　号：ISBN 978-7-5102-2658-8
定　　价：68.00元

检察版图书，版权所有，侵权必究
如遇图书印装质量问题本社负责调换

前 言

适应互联网时代和民法典时代的法治需求,加强对公民人格权的保护,是检察机关全面贯彻习近平法治思想,坚持"以人民为中心"办案的职责与使命。

最高人民检察院始终强调,进入新时代,人民群众在民主、法治、公平、正义、安全、环境等方面的要求更高,检察机关要主动与人民群众新需求对标对表,着力解决人民群众关切的公共安全、权益保障、公平正义等问题,不断增强人民群众获得感、幸福感、安全感。特别是在网络社会背景下,检察机关更应当提高政治站位,强化行动自觉,将保护人格权的理念贯穿于整个检察工作中。要用心、用情办好发生在群众身边的每一个案件,确保政治效果、法律效果和社会效果有机统一,让法治更有温度。

诽谤,虽是"小案",但对当事人来说,却是"天大的事情"。"杭州女子取快递被造谣出轨"一案,就发生在民法典正式通过后的两个月。民法典是新时代人民权利的"宣言书",是新中国成立以来第一部法典,作为国家法律监督机关,带头学习、贯彻、保障民法典实施是检察机关的"必修课"。如何从民法典中探寻创新推进检察工作的思路、方法,切实增

自诉转公诉的"庭前幕后":浙江余杭网络诽谤案

强政治自觉、法治自觉和检察自觉,把习近平法治思想落实到每一项工作、每一起案件办理中,以高质量检察履职服务保障经济社会发展,是每个检察人必须思考的问题。

"杭州女子取快递被造谣出轨"一案成为法治热点新闻,是民法典时代背景下,摆在司法机关面前的一道难题。该案发生后,最高检加强指导,推动案件由自诉程序转公诉程序办理。2021年4月30日,杭州市余杭区人民法院一锤定音,让广大群众见证了"人民的正义"。

2020年7月,谷某某在浙江省杭州市余杭区某居民小区快递点取快递时,被附近便利店店主郎某某偷拍了视频。郎某某随后与朋友何某某"开玩笑",编造"女子出轨快递小哥"等聊天内容,发至微信群。随后谣言被不断转发,在互联网持续发酵。谷某某的人格尊严受到严重损害,为此丢了工作、找新工作被拒,并患上抑郁症。

2020年8月13日,在谷某某报警后,杭州市公安局余杭区分局发布警情通报,依据相关法律规定,公安机关对郎某某、何某某二人分别作出行政拘留9日的处罚。10月26日,谷某某向杭州市余杭区人民法院提起刑事自诉,余杭区人民法院于12月14日决定立案,并依法要求杭州市公安局余杭区分局提供协助。

在此期间,相关视频材料进一步在网络上传播、发酵,案件情势发生了变化。检察机关认为,郎某某、何某某的行为不仅损害了被害人的人格权,而且经网络得以迅速传播,严重扰乱网络社会公共秩序,给广大公众造成不安全感,严重危害社会秩序,依据刑法第246条第2款之规定,应当按公诉程序予以追诉。

2020年12月25日,根据杭州市余杭区人民检察院的建议,杭州市公安局余杭区分局对郎某某、何某某涉嫌诽谤案立案侦查。

2021年1月20日，杭州市公安局余杭区分局将该案移送杭州市余杭区人民检察院审查起诉。

杭州市余杭区人民检察院审查认为，郎某某、何某某出于寻求刺激、博取关注的目的，捏造损害他人名誉的事实，在信息网络上散布，造成该信息被大量阅读、转发，严重侵害了谷某某的人格权，影响其正常工作生活，使其遭受一定经济损失，社会评价也遭受一定贬损，且二被告人对象选择随机，造成不特定公众恐慌和社会安全感、秩序感下降；诽谤信息在网络上大范围流传，引发大量淫秽、低俗评论，对网络公共秩序造成严重冲击，严重危害社会秩序，符合刑法第246条第2款"严重危害社会秩序和国家利益"的规定。同时，杭州市余杭区人民检察院促成二被告人对被害人进行赔偿，修复社会关系，并依法适用认罪认罚从宽制度。

2021年2月26日，杭州市余杭区人民检察院依法对郎某某、何某某以诽谤罪提起公诉，并对二被告人提出有期徒刑一年，缓刑两年的确定刑量刑建议。

2021年4月30日，杭州市余杭区人民法院依法公开开庭审理被告人郎某某、何某某诽谤一案。法院当庭宣判，分别以诽谤罪判处被告人郎某某、何某某有期徒刑一年，缓刑二年。

轻罪不是无罪。回顾整个案件，被告人所涉之罪不过诽谤，所获之罚不过缓刑。或许在很多人的认识中，诽谤罪之于两编十五章近八万字的现行刑法中，罪名不大、分量不重，能够造成今日之滔天舆论，实难想象。

但人们不应忘记，我们正身处一个新兴技术飞速发展、人民生活日新月异的时代，当今社会之变化莫说之于数百年前的古人，甚至之于数十年

自诉转公诉的"庭前幕后":浙江余杭网络诽谤案

前的人,也是难以想象的。在难以想象的时代,发生难以想象之事,政法机关应该如何处理?是因循守旧、就案论案,还是与时俱进、积极作为、能动司法?

检察机关在谷某某已经提起自诉的情况下,打破先例发出检察建议,推动案件由自诉转为公诉,正是政法机关维护公民合法权益、落实民法典人格权保护的积极作为,也是政法机关通过办案让法律的原则规定得到体现,自觉维护网络秩序、维护社会秩序的责任担当。

"杭州女子取快递被造谣出轨"看似是一起诽谤罪"小案",实则是一起"大案"。该案不仅严重损害被害人的名誉权和人格尊严,而且经由网络迅速传播,引发网络暴力,已远非传统的区域传播的影响范围,社会危害也远非受害人个人所能承受,更加影响"围观"群众对国家法治、社会治理、个人安全的信心,对社会秩序造成严重损害。

在最高人民检察院向法学专家征求意见时,多位专家表示,依法以公诉案件处理本案,不仅可以解决自诉案件当事人取证困难的问题,而且强化了对网络违法犯罪的治理,净化网络空间,树立了"网络空间不是法外之地"的观念,全面推动线上线下社会治理。自诉转公诉是对刑法第246条规定的创新应用,体现了司法智慧和勇气担当。

为了让读者全面感受案件带给当事人、网络环境与社会环境的影响,更为直观地了解政法机关在案件中积极作为,适应人民群众新需求,方圆杂志社记者先后采访了最高检第一检察厅、浙江省人民检察院、浙江省杭州市余杭区人民检察院、余杭区人民法院的办案人员,被害人谷某某及其诉讼代理人,被告人郎某某、何某某及其辩护人,以及本案数位证人、知情人等,展示了相关检察建议、起诉书、法庭实录、判决书,摘录了大量专家学者、媒体、网民的声音。我们期待通过与当事人的面对面谈话,通过专业人士的释法说理,为读者还原一个有细节、有温度、有思考的"庭前幕后"。

编者
2021年10月

目 录

前　言　/ 001

01 第一章　案发过程　/ 001
女子取快递被偷拍　/ 002
偷拍的视频及捏造的聊天记录在网上传播发酵　/ 005
被偷拍女子遭遇"社会性死亡"　/ 007
女子报警后行为人被治安处罚，但影响一直在蔓延　/ 011
女子提出刑事自诉　/ 015

02 第二章　自诉转公诉的"幕后推动"　/ 021
法院以自诉案件立案　/ 022
舆论升级引起最高检重视　/ 025
最高检研究认为应予公诉追诉　/ 028
最高检与浙江省检察院交换意见　/ 030
浙江省三级检察机关形成统一意见　/ 033

03 第三章　立案侦查、审查起诉过程　/ 037
检察机关向公安机关发出检察建议　/ 038
公安机关刑事立案　/ 040
被害人自诉撤诉　/ 044
检察机关提前介入侦查协同取证　/ 046
检察机关提起公诉　/ 050

04 第四章　开庭审理及判决过程　/ 059
庭审纪实　/ 060
判决情况　/ 070

05 第五章 各方声音 /081

网络侵权乱象：每个人都可能成为受害者 /082
诽谤罪典型案例 /087
浙江余杭网络诽谤案的法治意义 /095
网络空间的法治治理建议 /104

06 第六章 相关理论文章及发言摘编 /109

诽谤罪之自诉转公诉程序衔接
——评杭州郎某某、何某某涉嫌诽谤犯罪案
　　　　　　　　　　　　　　　　樊崇义 /110
依法惩处网络诽谤强化公民私权和公共利益保护
　　　　　　　　　　　　　　　　刘仁文 /115
杭州诽谤案能转为公诉吗？　　　　车　浩 /119
论公诉与自诉的关系　　　　　　　熊秋红 /123
涉嫌诽谤案自诉转公诉的法眼观察　张建伟 /132
告诉才处理犯罪的追诉制度：历史回顾与
　理论反思　　　　　　　　　　　吴宏耀 /137
"自诉转公诉"的刑法法理分析　　　时延安 /144
民法典时代网络诽谤案件的刑法应对　孙道萃 /151
网络诽谤"告诉才处理"中"除外"的理解
　　　　　　　　　　　　　　　　李　翔 /155
自诉转公诉正当性的实体与程序双重考察
　　　　　　　　　　　　　　　　李　勇 /159
民法典时代名誉权的刑事保护　　吴国章 等 /163

07 第七章 域外考察 /181

德国相关法律制度　　　　　　　　陈尔彦 /183
日本相关法律制度　　　　　　　　蔡　颖 /198

后　记 /212

▶ 女子取快递被偷拍

长发及肩、说话温柔的谷某某是北方人。2020年，谷某某从北京的单位离职，来到杭州一家公司工作，工作并不算繁重，与同事相处也融洽，实习期即将满两个月的谷某某，马上要成为一名正式员工了。

涉案快递站点

和所有年轻人一样,年轻时尚的谷某某热爱网购,几乎每天都要收快递。2020年7月7日,和往常一样,谷某某下午五点半从公司准点下班。六点十分,谷某某重复着几乎每天都做的事情:把车停到门口,然后在楼下的驿站排队取快递。

但就是这样一个非常平常的举动,让谷某某怎么也想不到,距离几米外的一个手机摄像头突然伸了出来,并拍摄了一段九秒钟的视频。

驿站隔壁有一家超市正在装修,年轻的老板郎某某是本地人。虽然收入不高,但与妻子、孩子一家三口倒也过得其乐融融。这天,郎某某在驿站帮忙时在一个车友微信群里聊天。微信群有二百多人,都是平常爱玩车、聊车的,改装车、豪车是他们的最爱,当然,也常有些低俗的话题,惹得群友们话题不断。

有群友问到郎某某,现在人在哪儿,郎某某便举起手机随手拍了一段周边环境的视频。视频中,一位身穿碎花裙的长发女子正在驿站取快递。

"这美女是谁?"群里有人起哄。由于视频里可以清晰看到女子的样貌,郎某某看大家兴致挺高,自

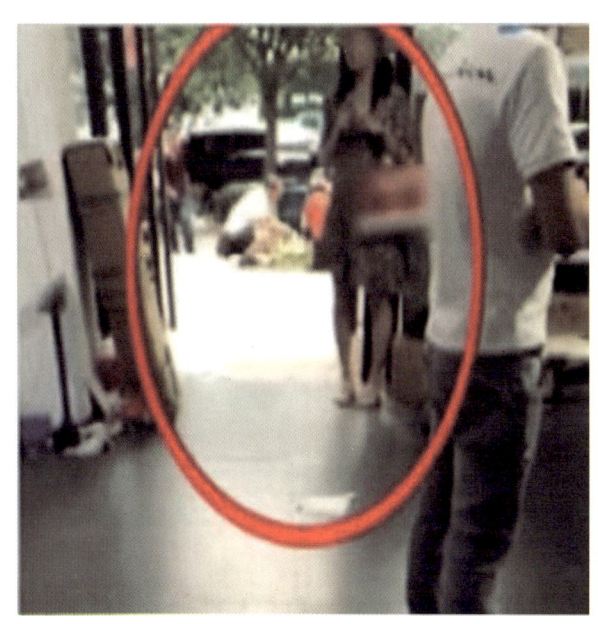

被偷拍的视频截图

己又觉得女子"样子还可以",所以女子走出驿站时,郎某某在后面又对着女子背影拍了一段视频。这更加引起了群友们的八卦欲望。

没过多久,一位叫何某某的群友突然在群里发了一张聊天截图,意思是视频中的女子知道有人偷拍她。

一开始,郎某某吓了一跳,以为真被对方知道了,就赶紧让何某某和对方解释一下,说自己不是故意的。

结果何某某哈哈大笑,让郎某某不要怕,这只是一个玩笑。这张聊天截图是何某某捉弄别人的"乌龙":由何某某分饰两角色,一个是微信小号扮演长发女子,另一个是自己真实的微信号,何某某就用这两个微信号自己跟自己聊了起来,最后捏造成了女子发现有人偷拍她的一段聊天记录。"有毛病吧""谁啊?这都要拍我?"何某某把对话截屏发到了群里。

这场"乌龙"让郎某某、何某某两人都觉得挺有趣,就想耍一耍群里的人。这时群里有人起哄,说郎某某加了对方微信,可以去"撩"她。郎某某看到了群里哄闹,就继续跟何某某微信小号聊天,何某某也顺着他发的内容回复他。郎某某又将微信聊天截屏发到群里,群里的人看到后愈发热闹起来,认为郎某某和这个女子搭上了,想看后续发展。

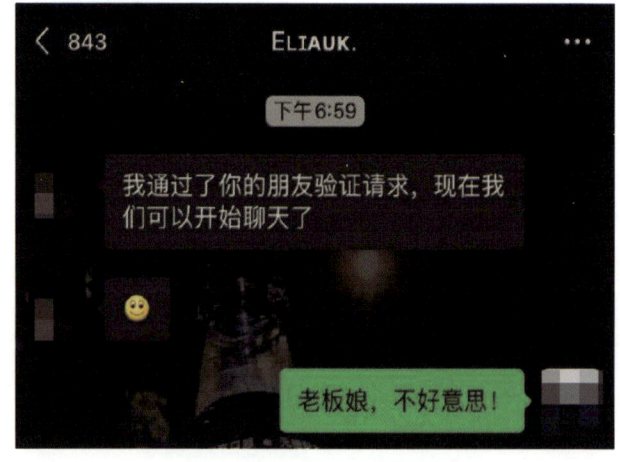

捏造的微信聊天记录截屏

于是，郎某某就跟何某某的微信小号自导自演了一场戏，郎某某扮演一名快递小哥，何某某小号扮演长发女子，男的负责"撩妹"，女的扮演勾引快递小哥的寂寞少妇。二人捏造了谷某某因取快递结识了郎某某，随后谷某某主动勾引郎某某并多次与之发生不正当男女关系的微信聊天记录。

▶ 偷拍的视频及捏造的聊天记录在网上传播发酵

虽然两人都是男子，但用微信互相带入角色后，还是绘声绘色地聊起了天，并通过手机截屏后将聊天记录发到群里，开启了一场"寂寞少妇出轨快递小哥"的图文直播。由于有此前拍摄的长发女子视频，群友们理所当然地认为这名女子就是出轨大戏的女主角。

2020年7月7日18时59分，郎某某开始发第一张截图，发一两张停一下，其实也就是为了"调戏"一下群里的人。7月7日到7月9日，郎某某和何某某陆续发了多张聊天截图，聊天记录大概两三百条，持续了三四天。这个群有270多个网友，大家会在发的截图下面评论，更有群友说出极为露骨、低俗的言语。

因为在群里的人很多是郎某某线下的朋友，7月7日、8日这两天，很多好友问郎某某到底是不是真的，郎某某也直接说是和何某某戏耍群里好友的。

7月9日中午，有群友直接在群里拆穿了两人，说"自己拿个小号跟自己聊天，谁不会啊"，另外一个网友也跟着说"啊，原来是小号聊天啊，我还激动了半天"。

就在大家以为这件事过去了的时候，事发后近一个月，视频和聊天截

自诉转公诉的"庭前幕后":浙江余杭网络诽谤案

捏造的微信聊天记录截屏

图被车队群友陶某某看到,"有图有真相",陶某某并没注意到这是伪造的,并理所当然认为这事发生在余杭,而且是大家身边的狗血故事。带着一颗熊熊燃烧的八卦之心,陶某某认真整理了这件事所有的视频和聊天记录,梳理成合集转发到了另外几个微信群。

陶某某低估了网友一传十、十传百的力量。由于内容投合了一些人的低俗需求,该事件在网络上被大范围转发,一些微信群、公众号、论坛等都有了这些内容。

由于聊天记录里提到的酒店、地点在余杭区较为有名,故事主人公究竟是谁就成了大家的兴趣点。事态扩大了,谣言终于从网络蔓延到了现

第一章 案发过程

捏造的微信聊天记录截屏

实,郎某某的微信头像和谷某某的真实照片被不少朋友认了出来。

2020年8月5日,一个微信好友私信问郎某某合集中的男子是不是他,当时郎某某直接说合集是假的,但这时很多微信群已经传得沸沸扬扬了。"本想恶搞一下,没想到脏水也泼到了自己身上。"郎某某很快知道是陶某某转发了这些内容。8月6日下午,陶某某加郎某某微信,说他知道错了,还说自己不明真相随意转发的,不知道事情闹这么大,说互联网太可怕了,还说自己只是开玩笑转发一下,并且提醒了大家不要再转发。

事情传播得那么广,那么当事人,也就是被偷拍的谷某某本人会知道吗?想到这里,两人还心存侥幸,但愿当事人没有看到这些内容。

▶ 被偷拍女子遭遇"社会性死亡"

然而,8月7日,距离视频拍摄整整一个月了,当天谷某某休息得比较早。到凌晨一两点的时候,跟谷某某同住一个小区的闺蜜叫醒了她。"谷

自诉转公诉的"庭前幕后":浙江余杭网络诽谤案

某某,你现在清醒吗?"这是闺蜜见到她说的第一句话。

"发生什么事了?"睡眼蒙眬的谷某某有些蒙。

"你被偷拍了,并且在网上已经到处都是了。"闺蜜告诉她,两人共同的一个在北京的朋友,在微信群上也看到了转发的关于谷某某的聊天记录和偷拍的视频。

"我当时整个人就是蒙的,我被偷拍了?拍了些什么?"听到这些,谷某某还不清楚这些信息和视频传播到底有多广。因为她就是一个普通人,不是公众人物,被偷拍并广为传播这类事情发生在一个普通人身上的可能性不高。

从闺蜜手机上,谷某某第一次看到了传播的那些东西,以及各种不堪入目的评论。"故事"从谷某某取快递被偷拍的视频引入,在截图中,谷某某是一位昵称为"ELIAUK"的女业主,是独自在家带孩子的"小富婆",是与快递小哥打情骂俏、两次主动勾引对方偷情的"风骚少妇"。

谷某某所在的小区业主群里,群成员有498人,有群友讨论——

"个人还是倾向于真实的,各个群都在传"

"我刚刚问了,我很要好的同学,

捏造的微信聊天记录截屏

他说假的,造谣的"

"我觉得是有人故意发这种的,目的是什么,我们就不知道了!大家仔细看截图时间和聊天时间很多都是刚聊完就截图了"

"女的莫名其妙被黑"

"如果假的,女的早就跳出来了"

……

同时,小区另一个业主群里也在讨论此事,"震惊了""假的,合成的""我感觉良渚各个群都在转,已经看见五六个群了"。

"造谣一张嘴,辟谣跑断腿,谣言比风快"。仅仅几天时间,从车友群、业主群到母婴群、育儿群甚至追剧资源共享群,都有了谷某某的身影。捏造出来的视频和聊天记录,也被公众号的论坛搬上了网络,这件事不再只限于余杭,而是扩散到全国乃至国外,传播一发不可收拾。更令人气愤的是,大多数网友都认为这是真实发生的,还有不少露骨低俗的评论。

面对当时的状况,谷某某已没有选择,唯一能做的就是报警。因为当时已是半夜,谷某某决定早晨起来以后去报警,然后想办法找到拍视频的人把事情真相搞清楚。

8月7日早上,谷某某在家里拨打了报警电话。接警后,警察出警很快。临近中午,谷某某已经录完了笔录。在回家之后等消息的时间里,谷某某和朋友仔细研究了视频,将拍视频的方位大致锁定在了小区东门快递驿站附近。顺着线索,谷某某很快找到了参与这件事的人。

当天下午,谷某某和男朋友邹某某等人找到了郎某某,郎某某也没有否认,承认偷拍视频的事实。然后,郎某某联系了何某某、陶某某一

自诉转公诉的"庭前幕后":浙江余杭网络诽谤案

谷某某报警

起来了良渚派出所。派出所介入后,问谷某某是否需要调解。谷某某当场表示不接受调解,要求依法处理。

接下来的时间里,谷某某细数来杭州接触过的所有人,想不通到底谁跟她有仇,要如此害她。再然后,她发现现实情况比自己想象得还要严重,小区的业主群、超市团购群等身边群组纷纷在转发讨论,公司领导、同事、朋友也给她发信息问怎么回事。

"一个在国外的朋友看到了捏造的传播内容,把我臭骂了一通,说我和别人出轨的事情所有人都看到了。随着事件发酵,扩散范围大到我难以承受的程度,不限于在杭州一地传播,其他城市,甚至国外的朋友都能看到。"8月8日,谷某某第一次在微博发布了自己的遭遇,让网友帮忙将看到的相关传播证据截图发给她。

"其实第一次从朋友那听说这件事时,我只知道我被偷拍了,传播开了。但是我究竟被偷拍了些什么?如果只是我看到的视频那个样子,

第一章 案发过程

我觉得不足以传播。然后，后面的聊天对话我也看了，我不知道这些东西是怎么和我产生关系的，上面很多的个人信息、居住信息都跟我完全不符合。所以，在那段时间里，我不知道发生了一件什么样的事情，我不知道。"回忆起这些经历，谷某某告诉笔者。

"'社会性死亡'这个词，以前对我来说很陌生，后来从'罗冠军事件''清华学姐事件'上才了解到，发现自己跟'社会性死亡'的距离那么近。"谷某某说，她意识到自己是一个背负负面新闻的人，这些新闻在影响着她，而她不知道这些影响将持续多久。

▶ 女子报警后行为人被治安处罚，但影响一直在蔓延

杭州市公安局余杭区分局8月13日发布警情通报：网上流传的视频是郎某某趁谷某某在小区快递站点取快递时通过手机摄录。出于博人眼球的目的，他与朋友何某某通过分饰"快递小哥"与"女业主"身份，捏造了暧昧微信聊天内容，并将摄录的视频和聊天截图发至微信群。郎某某和何某某捏造聊天内容，并截图发至微信群，造成不良社会影响。依据相应法律规定，警方对二人分

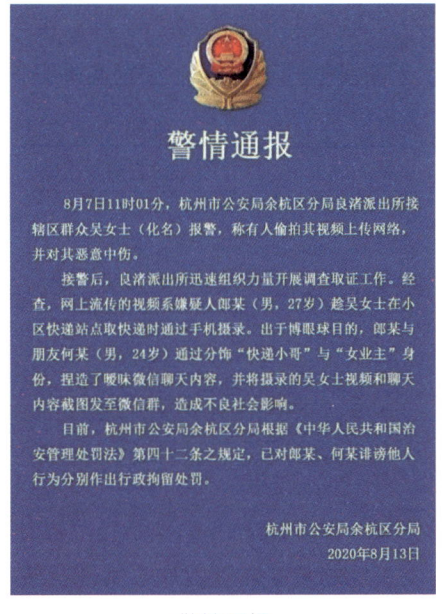

警情通报

别作出行政拘留9日的处罚。

"事实上,我与何某某完全不认识,与郎某某也只有几面之缘。郎某某是快递驿站隔壁超市的老板,他的超市当时处于装修状态,他会去隔壁的快递驿站帮忙,我们唯一的交集就是我报一个取件码,他把快递拿给我,仅此而已。"谷某某说。

虽然始作俑者已经得到了制裁,但对谷某某来说,谣言造成的影响,并没有随着问题的澄清而结束。谷某某提供的一份证据显示,8月8日,某微信公众号发布了《这谁的老婆,你的头已经绿到发光啦!》的文章,截至8月11日,点击量为1万次。截至9月20日,多篇网帖的总浏览量达60660次,转发量为217次。此外,各种论坛、贴吧里都充斥着相关的信息,只要有心搜索,"出轨"的标签就像狗皮膏药一般,死死地贴在谷某某的身上。

"不要脸""坏女人""苍蝇不叮无缝的蛋",大量的谩骂和恶评不断击打着谷某某的内心,"有的朋友甚至在明知我未婚未育的情况下,都更愿意相信网络的声音,也不愿意相信公安机关发布的澄清说明"。

谷某某说,选择站出来不完全为了自证清白,她希望那些遭遇过、正在遭遇或者未来可能遭遇与她一样境遇的女性,能勇于和这些龌龊的人抗争到底。"当天如果没拍我,可能别的女孩就是受害者。"

在事发后的两个多月时间里,谷某某害怕出门,害怕被人认出来,害怕别人小声议论,总觉得周围的人都在用异样的眼光看着她。为了避免这些状况,谷某某只能减少外出,然后不停地删除手机里的联系人。

人生的至暗时刻就这么突然降临。她将网购的收件人信息改为男朋友邹某某,自己不再去快递站点。有时候和邹某某一起出门取快递,她也是站在小区门里等待，等邹某某拿到快递回来，再一起回家。

"事情发生后，我们的生活都是紊乱的，经常整夜整夜失眠，这严重影响了我们的身体。""我认认真真工作，踏踏实实活了28年，但是一夜之间成了笑话，所有成绩瞬间清零。"谷某某说，这是让她最难过的事情。

她基本每天凌晨两三点才睡，但是往往四五点就醒了。咖啡一杯接着一杯喝，除此之外，她对所有食物都失去了兴趣。她很多次情绪失控，一哭起来就停不下来，全身颤抖。实在没办法平静，她就在客厅里不停地走，一直走到筋疲力尽瘫坐下来。

邹某某怕她出事，把工作辞了，24小时陪着她。邹某某说，那段时间谷某某基本不怎么吃饭，消瘦得特别明显，有时候会突然抱住他哭很长时间，深夜经常做噩梦，大喊大叫。他劝谷某某不要胡思乱想，但是没用。

"不敢想关于这件事情，但又控制不住去想，每次一想起来，心脏就加足了马力跳动，整个人开始窒息，精神、情绪开始失控。每天无限循环，不知道要爆发多少次！"谷某某在微博写道。

除了精神上的打击，造谣事件对谷某某生活上的影响也是实实在在的。"其实我的同事比我知道得还要早，可是没有一个人告诉我，他们会私下议论。"为了处理这件事，谷某某从8月7日就开始请假了，此后再也没有去过公司。

8月13日，公司打来电话，询问是否可以继续上班，但谷某某依然觉得需要时间调整，就继续请了假。随后，公司经理通过私人方式联系谷某某，让她试着去找别的工作，这让谷某某明白，公司已经开始委婉劝退，只是找了一个能让大家都体面的办法。谷某某也知道，自己的精

自诉转公诉的"庭前幕后":浙江余杭网络诽谤案

谷某某抑郁中发的微博

神状态已经没办法让她在短时间内重返岗位,于是很快就去公司办了离职。如果不出这样的事情,谷某某8月份就可以转正了,工资能比实习期高5000块钱。

谣言铺天盖地,谷某某瞒不了自己的母亲。"因为诽谤的内容在网络上广泛传播,破坏力惊人,网上出现一些谩骂、言语侮辱,周围的人也用异样的眼光看待女儿,女儿因此丢失工作,人也处于抑郁状态,不愿意出门。"谷某某的母亲说。

谷某某的父亲也证实了这一点。出事之后,谷某某打电话给母亲说在杭州这边被人偷拍,还被人诽谤出轨,把这些东西都发到网上了,大家都知道了。由于网络传播范围广,谷某某身边亲戚朋友知道的还是挺多的,给她也带来很大的心理压力。

"我一直以为我是个坚强的人,但事实上我并不是。我从早两年就有些

第一章 案发过程

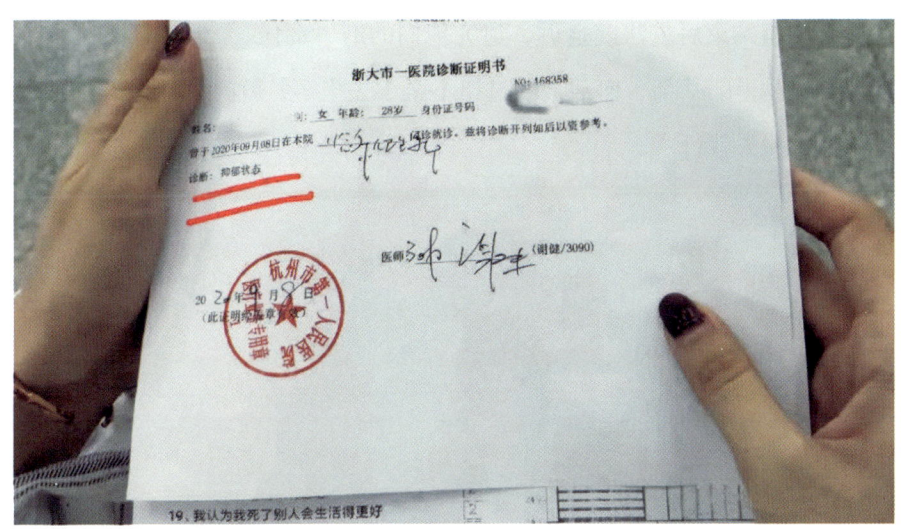

谷某某抑郁状态医学诊断证明

抑郁状态,但并不严重,而这件事直接把我逼到了极点。"持续的折磨,让谷某某感到崩溃,她只能选择就医。9月8日下午,谷某某因精神压力过大去医院,医学诊断为抑郁状态,医生建议药物治疗。但谷某某害怕吃药之后产生药物依赖,从此变成"药罐子",所以就跟医生说,自己还想再坚持一下,如果真有一天挺不住了的话,就再回来。

▶ 女子提出刑事自诉

生活不能只有眼前的苟且。尽管精神压力一直都在,但谷某某并没有选择一味沉沦,她想要通过自己的方式,来抗争一番。她咨询了律师,怎样才能恢复自己的名誉。

"我了解过了,诽谤罪是可以自诉的,我当时就打算等郎某某、何某某行政拘留结束后去法院自诉，追究他们的刑事责任。"但谷某某犹豫再三后，又觉得郎某某、何某某的过错不至于去坐牢，就打算让他们公开道歉并赔偿损失就行了。

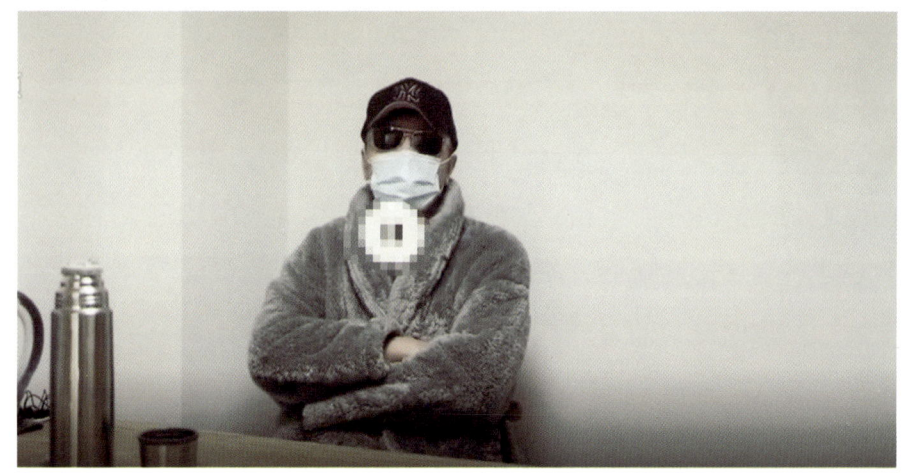

郎某某道歉视频截图

8月30日，谷某某发布微博说，决定放弃追究刑事责任的权利，但要求郎某某和何某某发布具有诚意且画质合格的道歉视频内容，并赔偿损失。但事情显然没有这么容易完结，对于郎某某、何某某二人来说，他们觉得谷某某的要求未免有些无理取闹了。

郎某某、何某某在接受媒体采访时表示，已在8月底录制视频道歉，也接受赔偿要求，但认为谷某某提出的金额不合理。谷某某则坚持认为，这件事造成的损失已远远超过她提出的赔偿金额。更令她不能接受的是对方的态度。她说，郎某某觉得"自己只是开了个玩笑"，而且从未当面说一句对不起。

第一章 案发过程

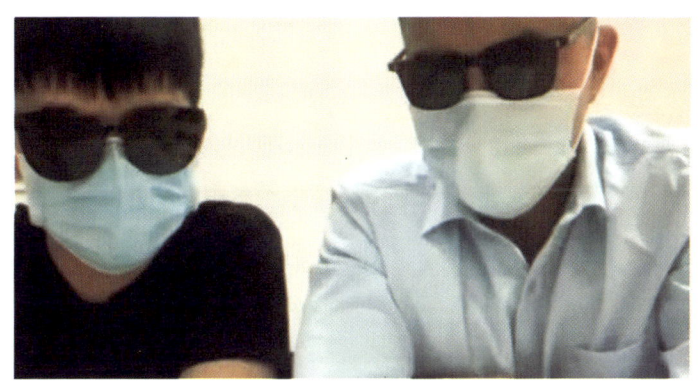

郎某某、何某某道歉视频（谷某某提供）截图

双方各执己见，私下和解的路被封死了。谷某某又回到了刑事自诉的路上。她首先开始在网上寻找证据，用了一周左右的时间把关于自己的谣言做了整理，并且通过公证的方式做了证据固定。然后，在10月份，谷某某正式委托浙江京衡律师事务所律师，向杭州市余杭区人民法院提交刑事自诉状及证据材料，要求以诽谤罪追究郎某某和何某某的刑事责任。

根据我国刑法规定，以暴力或者其他方法公然侮辱他人或者捏造事实诽谤他人，情节严重的，处三年以下有期徒刑、拘役、管制或者剥夺政治权利。按照2013年最高人民法院、最高人民检察院《关于办理利用信息网络实施诽谤等刑事案件适用法律若干问题的解释》（以下简称《网络诽谤解释》）的规定，利用信息网络诽谤他人，具有下列情形之一的，应当认定为刑法第246条第1款规定的"情节严重"：同一诽谤信息实际被点击、浏览次数达到5000次以上，或者被转发次数达到500次以上的……

从10月26日提起自诉后，谷某某的生活一直处于相对"停滞"的状态，身边网络的声音并没有随着时间流逝而放过她。

"我是被冤枉的，我澄清了，事情是不是就可以过去了。"谷某某原

自诉转公诉的"庭前幕后":浙江余杭网络诽谤案

本以为自己可以调整好心情,开始新的生活。然而,10月份,她去面试了将近10家公司,"去公司求职,他们需要了解我从上家公司离职的原因,我说了原因后,基本我们的谈话就结束了。他们会顾虑我的新闻会不会对公司有潜在的影响,或者我的工作状态会不会受影响"。

虽然面试人员也表示同情,给她加油,但最后都没有下文了。之前工作基本上都是对外的,就是代表公司形象对外沟通。自己虽然是整件事的受害者,但曾经面对了这么多媒体,背负的始终是负面新闻,有些企业录用员工的时候可能会考虑,一个背负负面新闻的人代表企业的形象去洽谈,也许确实不合适。

谷某某的多年好友刘某某明显感觉到了这件事对谷某某的严重影响。谷某某原来在杭州有正常的工作、稳定的收入,因为这件事丢了工作,而且严重影响了她再次就业。谷某某压力很大,茶饭不思,身体、心理状态变差,不太愿意出门,即使出门也恨不得全副武装,产生社交恐慌,不愿意和朋友说话,也不愿意接触新朋友,甚至对她自己的感情生活也造成影响。而那些不熟悉谷某某的人,则因为这件事对她产生平时行为就不检点的不佳印象。

"我觉得网络造谣比现实中伤更可怕,网络传播面广、速度快,受众面不确定,一夜之间传遍全国。你永远不能彻底清除网络上的负面信息,无法控制它继续传播。如果每个人随便拍一段视频,都被编辑一段故事,整个社会都会缺乏安全感、信任感,人们都害怕出门。"朋友刘某某说,如果这种事不被处理,会带坏网络风气,任何人都可以在网络上造谣,古话说的"清者自清""身正不怕影子斜"都被颠覆了。互联网的初衷是与人方便,但是在不法分子手中却会变成一把看不见的利刃,伤人于无形。

如果这一行为不受到限制和惩罚,类似于谷某某这一群体会对外界社会的信息安全性产生质疑,长此以往也不利于整个互联网社会和真实社会的正向发展,对下一代也会造成不良影响。

谷某某的另一位在北京的朋友也有这样的体会。"当时微信群里发了谷某某被偷拍的视频及聊天截屏之后,群友议论很多的,很多人都在调侃这个聊天截屏中的男主角,有羡慕他偷情成功,还有一些低俗的评论。聊天截屏里面说视频中的女子已经结婚生子,但我知道谷某某是没有结婚的,所以整个内容肯定是假的。"

"我当时十分气愤,谁这么无聊去诽谤谷某某,而且伪造这些聊天截屏的人太恶心了,视频及聊天截屏逻辑性很强,一般人看到肯定会相信视频中的女子出轨了偷拍她视频的男子。这件事影响挺大的,通过网络传播,我在北京都知道了,也就是说全国各地都知道谷某某出轨了。"这位朋友还说,"虽然我认识谷某某,知道是假的,但不认识谷某某的人看了视频及聊天截屏肯定认为她出轨了,这对一个女人影响是很大的,会让她在社会上受到别人异样的眼光看待,被别人议论,谷某某很无辜的,她无缘无故被人偷拍了视频,然后又无缘无故被诽谤,遭受了很大的社会压力。"

幸而,在谷某某提出自诉后,网络上逐渐有了正向的评论——

"这是什么人,害的别人工作都没了,气死我了,气死我了,偷拍,造谣,污蔑,无耻!为了流量,还是仇女,这个老板可以坐牢吗?"

"出离情绪的愤怒,只是下楼取了个快递,生活就产生地陷一样的改变,造谣成本那么低。我们每个人都有可能变成这个姑

自诉转公诉的"庭前幕后":浙江余杭网络诽谤案

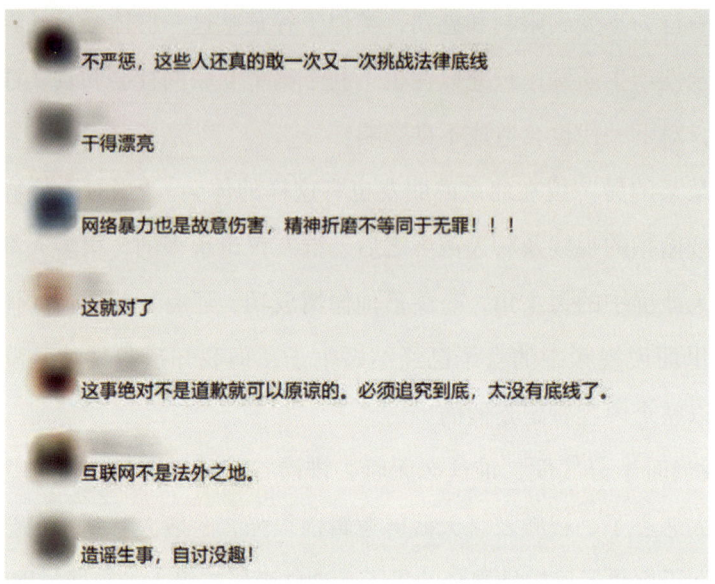

部分网友评论

娘,她没有做任何错事,却要被无端指点,凭什么?"

"真的就算澄清了,这件事还是会继续有人蒙在鼓里的,还是有人会不经意翻到这个陈年烂谷子的视频和聊天记录,对这位女士的伤害是很久的。支持起诉要求道歉,必须让他们付出代价!"

"妹子,支持你追责到底!我们不是吃瓜群众,这种可怕的事情可能发生在我们每个人身上,今天我们袖手旁观,明天那个被偷拍造谣的可能就是自己,自己都不知道自己什么时候被偷拍,也永远不会知道自己被拍下的画面被别人安上什么样的情节,细思起来,这真是太可怕了。"

"这对受害者是无妄之灾,但是既然有人作恶造成别人名誉损失,就该受到法律惩处,等着看后面司法机关的了。"

CHAPTER 2
第二章
自诉转公诉的"幕后推动"

○ 法院以自诉案件立案

2020年10月26日，被害人谷某某的诉讼代理人向杭州市余杭区人民法院提起刑事自诉，要求追究郎某某、何某某二人诽谤罪的刑事责任。

谷某某与男友去法院补充递交材料

"我提起自诉后到法院立案之前,我们每一天过的都是忐忑的。因为我的案件很有可能会被不受理,包括立案之后,可能法院还会要求我补交证据,强烈的不确定感每天都包围着我。"谷某某说,只要自诉能成功就已经是非常好的结果了。

因资料不全,诉讼代理人于12月11日补充递交了相关材料。时间一天天过去,谷某某心里仍然很不安:法院能顺利立案吗?

在等待的时间里,由于媒体的持续报道,案件引发了新一轮舆情。总体来看,舆论观点主要是认为事件中相关部门的处罚力度较轻,应对造谣者追责到底。网友们称,"造谣者一定要严惩,谣言就像无形的刀,杀人不见血!对被造谣者的伤害谁来弥补?""该案不只是行政拘留这么简单,如果故意捏造并散布虚构的事实,足以贬损他人人格,破坏他人名誉,情节严重的,涉嫌诽谤罪。"

2020年12月14日,余杭区人民法院以自诉案件立案,并依法要求杭

余杭法院立案受理谷某某诉郎某某、何某某诽谤案

余杭法院 余杭法院 今天

余杭法院立案受理
谷某某诉郎某某、何某某诽谤案

2020年10月26日,自诉人谷某某委托的诉讼代理人到我院提刑事自诉状及证据材料,以郎某某、何某某捏造事实,通过网络诽谤自诉人谷某某且情节严重为由,要求以诽谤罪追究郎某某、何某某的刑事责任。

我院依法进行了立案审查,在审查期内,按照《中华人民共和国刑事诉讼法》的相关规定,通知自诉人补充提交证据材料,并由我院依职权调取了与本案有关的行政处罚材料。同年12月11日,诉讼代理人向我院补充提交了刑事自诉状及证据材料。经审查,本案符合刑事自诉案件的受理条件,我院于12月14日立案受理。

法院以自诉案件立案受理

州市公安局余杭区分局提供协助。

在法院等了一下午的谷某某终于拿到了立案通知书。

谷某某：

你诉郎某某、何某某诽谤罪一案的自诉状已收到。经审查，起诉符合法定受理条件，本院决定立案审查。现将有关事项通知如下：一、在诉讼过程中，当事人必须依法行使刑事诉讼权利，履行诉讼义务，遵守诉讼秩序。二、自诉人经两次依法传唤，无正当理由拒不到庭的，或者未经法庭许可中途退庭的，按撤诉处理。

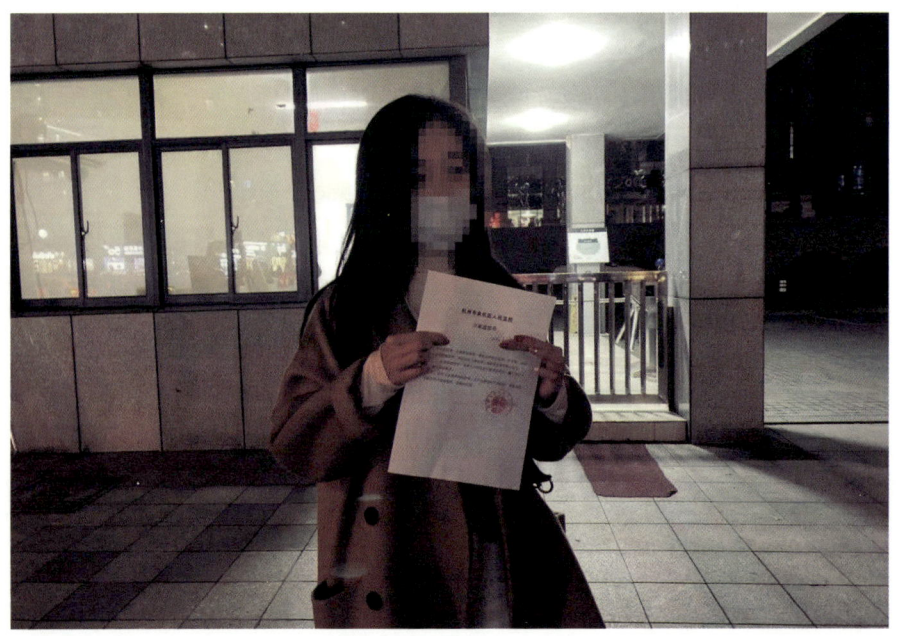

谷某某拿到了立案通知书

薄薄的一张A4纸,却让她振奋异常,她在朋友圈写下这么一句话——

"129天了,终于可以长舒一口气,到现在都不敢回想今天是怎么吹着冷风在忐忑中熬过来的。这是今年最好的消息!"

"立案了,我终于可以给自己一个答复了。我现在不要赔偿,绝不退缩!绝不和解!希望通过我的维权,对社会上其他怀有不法之心的人起到震慑作用。给类似的受害者依法维权提供一点点借鉴,让我的不幸遭遇更有意义与价值!"谷某某表示。

舆论升级引起最高检重视

谷某某长舒一口气的同时,相关舆情也抵达了北京市北河沿大街147号。位于此处的最高人民检察院,每周都要整理中国政法新闻热点排行榜,用以了解民情辅助工作。诽谤案自诉立案当天,最高检发布了当周(2020年12月7日至13日)的热点排行榜,谷某某案赫然排在第一。

经统计,"取快递女子被造谣出轨"消息,仅微博、热搜两条话题上,网民阅读数分别为4.1亿次和8100万次,讨论数分别为5.8万条和4046条,仅12月10日至14日16时,网络上共监测到相关消息20150条,其中,微博17636条,客户端消息1933条,微信519条,新闻41条。"@梨视频"发布《#被造谣出轨女子至今找不到工作:被"社会性死亡",要追责到底》视频被观看2033万次。新华网发起话题#所有网络暴力都不该轻易放过#,阅读量643万次。

最高人民检察院

"光明日报"微信公众号发文称：

  面对网络暴力，不少受害者的维权之路漫长且充斥着无力感，还有很多人根本不会诉诸法律渠道来解决问题。因此，除事后的维权、惩戒，事前的多元共治、有效预防也十分重要。这不仅依赖法律法规和管理体系的完善、监管部门的努力，还需要行业和平台的自我矫正，需要每一位网友的参与。

新闻报道观看地址：

https://politics.gmw.cn/2020-12/13/content_34458822.htm

新华网评论称：

>杜绝网络暴力，需要各方形成合力。相关部门在继续加强对平台内容生态建设的指导和督促的同时，要从法律层面施以重拳，让维权更高效、让惩处更硬气。身处网络空间的每一个人也要"键"下守法，为他人也为自己筑起安全的网络空间，让所有人远离网暴噩梦。

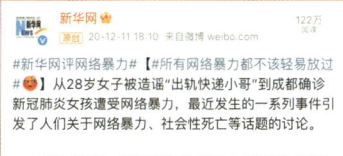

有网友表示，防范和打击网络谣言，法律是最好的利器。只有严惩以身试法者，一追到底，才能对其实施有效震慑，

新华网评论

让其不敢犯不愿犯。为受害者向法院提起刑事自诉，追究造谣者刑责的行为点赞。

也有专业人士认为，针对个人的网络造谣、诽谤，根据刑法规定是告诉才处理，但取证和界定都存在困难。警方对部分造谣者进行行政拘留相较于受害者所遭受的物质损失和心理打击，这样的处罚太轻微，缺乏威慑力，更不足以抚平人心，彰显正义。对于偷拍视频、编造聊天截图、网络造谣，不能止于刑事和行政处罚。根据民法典相关规定，以"社会性死亡"为目的的信息传播行为，不仅可能侵犯名誉权，也可能侵犯隐私权。根据相关规定，郎某某等人被行政拘留数日，并不能抵消民事责任，还应承担停止侵害、赔偿损失、赔礼道歉、消除影响、恢复名誉等侵权责任。

舆论铺天盖地而来，该案再度冲上热搜，这一情况引起了最高检院领导的注意。最高检第一检察厅厅长苗生明接受笔者采访时介绍："起初，我也只是知道有这个新闻，并没有过多关注。2020年12月14日上午，最高检检委会会议结束后，院领导留下来，专门议及网上发酵的这起案件的大致情况，指出要与时俱进，充分考虑网络时代的特殊性，考虑检察机关应当承担的责任，要让人民群众感受到公平正义、有安全感。当时，大家也有一些不同意见，不过经过讨论之后，有了比较一致的共识，大致形成了工作方向和思路，最后初步形成意见——案件应该公诉。"

院领导做出决定后，最高检第一检察厅立即进行调查和研究。研究认为："该案郎某某、何某某利用信息网络捏造损害他人名誉的事实，在信息网络上散布，构成诽谤罪，应当受到刑事追究，但是否符合'严重危害社会秩序和国家利益'这一公诉条件，需要进一步研究和论证，即确定是否属于'两高'《网络诽谤解释》中第三条第（二）项'引发公共秩序混乱'或第（七）项'其他严重危害社会秩序和国家利益的情形'。"

"当时，报告报上去之前，我们对案件情况作了一个大体上的研究论证，认为应该走公诉程序。当然也有争论，比如，余杭区那边就案说案，主要从个案解决层面看问题。浙江省检察院站位较高，从整体网络环境治理出发，最后形成了一个报告。"苗生明厅长说。

最高检研究认为应予公诉追诉

苗生明厅长介绍说，初步了解完情况后，第一检察厅紧锣密鼓地对案件进行专门论证，需要研究的问题主要包括四个方面：一是从实体法来看，根据"两高"司法解释，诽谤罪什么情况符合公诉情形，这个案件是否属于这种情况，如果属于，就是公诉案件；二是从程序来看，怎么去解决从自诉转公诉的问题，谷某某本人已经提起自诉，法院已立案，这种情况下程序该怎么走；三是从证据来看，由当地检察院结合案件情况，如何介入侦查引导取证，和公安机关共同努力把证据补上来；四是如何看待新的互联网背景下网络诽谤和普通的传统的熟人社会、社区间诽谤的区别，新变化、新区别和危害性，如何准确把握。

"公安机关立案后，意味着自诉转为公诉了，涉及新闻宣传口径、法治教育宣传等，这些环节最高检都反复推敲斟酌，花费很多心思。"苗生明厅长说，关于这方面，院领导作为典型个案，高度重视，专门交代了很多，提出具体要求，思考很深，看得很远。从最高检来说，案件新且具有代表性，光办案不够，还要从理论上研究论证，说清楚，所以征求了很多权威专家的意见。

第一检察厅向陈兴良、周光权等专家征求意见。绝大多数专家都认同由检察机关提起公诉，但也有不同观点。张明楷认为："被害人是否愿意把事情闹到更大，应该把选择权交给她，另一个从国外来说，自诉类案件，告诉才处理和自诉还是有区别的，告诉才处理是指去起诉了，表达追究诉求，而不是直接纳入自诉的范围内，最后自诉还是公诉的决定权由被害人来决定，但程序的启动还是由国家公权力来主导。公安机关要不要立案，需由被害人决定。"

苗生明厅长介绍，虽然也有不同看法，但最后，第一检察厅的论证结果与大多数专家的意见还是一致的，公民个人维权的困难较大，需检察机关介入。仅个案来说，法院立案后案件处理问题不大，但从以后可能发生的一系列案件来说，普通诽谤启动法律程序很困难，少有能走到法律追责那一步。特别是互联网时代的网络诽谤，想要维权就更难。最终，大家达成共识，这类案件被诽谤的对象具有不特定性，且通过互联网进行传播，在行为方式上已经远远区别于传统的诽谤方式，已严重侵害社会秩序，有必要启动公诉程序。

最高检与浙江省检察院交换意见

经过充分论证后，第一检察厅开始和浙江省检察院沟通下一步的具体工作。苗生明厅长介绍，自己和浙江省检察院副检察长孔璋同志始终保持联系，对案件的每一环节和程序都会作详细沟通。在整个过程中，浙江省检察院站位高，领会深刻，对下指导、工作推动有章法、有规矩，虽然是热点案件，但每一步推进都很稳。

"可以说，这起案件是四级检察院共同推动而成。最高检发挥了很好的领导协调、主导作用，浙江省检察院真正领会到了为何最高检关注这个案件，从根本上考虑司法理念、时代背景、社会变迁、网络时代与时俱进，特别是浙江作为互联网发达地区，要在法治浙江的建设中作为标志性案件。杭州市检察院和余杭区检察院落实推进，四级检察院配合协调很顺畅。"苗生明厅长表示。

苗生明厅长还表示，从检察机关介入到案件提起公诉，最高检一直全程指导，比如，起诉前案件审查、研究论证，两名被告人认罪认罚标准认定，起诉书的起草、庭前准备工作、出庭策略方案等，第一检察厅几乎每

第二章 自诉转公诉的"幕后推动"

个环节都向浙江省检察院提出书面指导意见。

浙江省检察院检察长贾宇接受笔者采访时说,最高检以敏锐的政治眼光和高度的法治思维,指挥、指导了这起案件的办理。最高检领导同志帮助我们理清思路,凝聚共识,从根本上推动了案件的进程。

"案件发生以后,按照惯例,公安机关作了及时的行政处罚,后来被害人不服,赔偿没协商好,从而提起了刑事自诉。本来从自诉开始,以自诉结尾也是符合正常法律程序的。现在检察机关要介入其中,将自诉转为公诉到底符不符合法律程序?有没有必要这样大动干戈?很多人在心里还是打着问号的。"贾宇告诉笔者,"为此,最高检领导了解后,特别要求依法将案件从自诉转公诉,检察机关要介入。领导同志强调:第一,本案中

案件讨论会

031

自诉转公诉的"庭前幕后":浙江余杭网络诽谤案

的网络诽谤行为不仅损害受害人利益,而且严重扰乱网络社会秩序,完全符合刑法第246条第2款规定的'严重危害社会秩序'的情形,具备提起公诉的重要条件;第二,当前网络违法犯罪非常猖獗,给广大网民造成严重的不安全感。网络秩序必须维护,网络乱象必须整治,检察机关在网络时代要有自觉担当;第三,在民法典中人格权独立成编的历史背景下,检察机关要通过追诉打击严重危害他人人格权、名誉权的犯罪行为,保障民法典精神的贯彻落实。本案是一起意义重大的典型案例。"

"最高检领导同志的深入分析为我们的工作奠定了坚实的思想基础,也帮助协调各方,为我们顺利打开工作局面提供了坚实有力的支撑。"贾宇表示。

贾宇检察长在与办案组人员讨论案件

"最高检领导自始至终都在关注着这个案子，在办案过程中多次指导并作出具体指示和要求。那几天领导同志给我打了四五个电话，具体商量如何依法办理好这起案件。"贾宇说，"我们一致认为，在新时代民主法治建设进程中，这是一个标志性案件。这样一起针对普通民众的侮辱、诽谤案件，由公安机关启动刑事侦查、检察机关提起公诉，是法治中国建设的标志性成果，也是人民当家作主和司法为民的标志性案件。"

与此同时，苗生明厅长也致电浙江省检察院第一检察部。第一检察部负责人迅速与杭州市检察院、浙江省公安法制总队进行沟通，形成初步意见——本案从现有情况看，基本判断是符合司法解释中"其他严重危害社会秩序"的情形，但需要公安机关侦查获取相关证据；浙江省公安厅法制部门认为，本案社会影响恶劣，将与杭州、余杭公安机关沟通，达成共识。

浙江省三级检察机关形成统一意见

2020年12月22日上午，浙江省检察院副检察长孔璋带队到余杭区检察院传达了上级院意见，并听取了相关部门的工作情况汇报。

孔璋表示，要全面看待本案，要站在全局的角度考虑问题，着眼于中国网络法治，而不应仅仅站在余杭的角度；要站在政治的角度考虑，从全面依法治国、法治国家、法治社会建设的角度去理解；要从保障人权的角度去考量，落实宪法对人权的保护、民法典对人格权的保护，重点围绕严重危害网络公共秩序角度组织、引导侦查。

孔璋在会上要求承办人员重点研究自诉转公诉程序如何操作，确保自诉转公诉程序转换不出现瑕疵，切实做好程序转换相关工作，严密防范负

自诉转公诉的"庭前幕后":浙江余杭网络诽谤案

上级检察院指导办案

面舆情。

孔璋最后提出,余杭作为浙江省网络发展的重点地区,各单位要进一步提高站位,贯彻落实上级指示精神和工作要求,强化使命担当,齐心协力,把本案处理好,争取办成依法治国、法治网络、保护公民人权的典型案例,成为引领法治进步、引领网络治理、引领社会进步的标志性案例。

在贾宇看来,该起利用网络进行诽谤的行为,不仅危害性大,而且公众关注度特别高,应该启动公诉程序,体现政法机关对严重危害社会秩序行为零容忍,也体现出对网络社会秩序治理的高度重视,给广大网民和社会公众一个应有交代。

贾宇认为,如果不启动公诉程序,被害人自己调查取证能力有限,或者寻求私人救济不力,又会对社会秩序产生次生危害。同时,我们不能以被害人遭到诽谤后已采取一些自救行为,据此来否定公诉救济必要性。从法理

第二章 自诉转公诉的"幕后推动"

办案检察人员讨论案件

上讲,对犯罪嫌疑人、被告人处置需要考虑其人格问题,但对受害人方一般不因其有人格方面一些缺陷而影响案件处理,这既是常识,又是公理。

因此,检察机关认为,本案经历了行政处罚、被害人自诉等多个阶段,前期各部门是依据当时的情况作出的相应处理决定,从当时的情况看,并无不当,但现在案件情势已发生重大变化,我们要与时俱进,站在对网络社会、公共秩序维护和法治建设的高度,按公诉程序办好这个案件。

2020年12月26日下午,最高检领导与苗生明厅长沟通中指出:"在办案过程中,重点要围绕降低个人维权成本,加大违法侵权成本,网络犯罪与线下犯罪的影响和危害与日俱增等情形,不能因循守旧,既要根据变化了的情况,也要参考国外的相关规定,对人格、人权的保护跟上新的形势。民众窥探隐私、暴露隐私，拿这个当乐趣，侵犯人权的情形比比皆是，再不能让这种情况出现了。这个案例发出了强烈的信号，我们认为是非常符合法治精神的。同时，公安机关在行政拘留以后还能够直接立案，还能够积极去立案，体现了公安机关的担当，也体现了新时代公安机关执法为民的情怀。"

新闻报道观看地址：

https://www.spp.gov.cn/zdgz/202012/t20201226_503667.shtml

CHAPTER 3
第三章
立案侦查、审查起诉过程

🔍 检察机关向公安机关发出检察建议

"杭州女生取快递被偷拍、被恶意编排成荡妇出轨,遭遇网络暴力",舆情如山呼海啸一般而来,当事人谷某某的不断求告遭遇了网上少数人"没完没了"的质疑。对谷某某而言,从开始的被恶意编排到后来的各种负面评价,她所遭遇的"社会性死亡"并没有间断。

谷某某是个较真的人,她渴求以自己的维权改变网络环境,同时她也是个脆弱的女性,虽然得到一些网民的支持,但也顶不住网络上持续的议

本案当事人谷某某

论与诋毁。

谷某某的努力是否有意义？凭她单枪匹马是否就能改变网络的环境？整治网络暴力是否有更加有效有为的做法？一系列问题不仅摆在谷某某个人面前，也摆在了整个政法机关面前。

政法机关能做些什么？余杭区检察院用行动给出了答案：2020年12月22日，余杭区检察院向杭州市公安局余杭区分局发出检察建议书。

"检察机关是我们国家的法律监督机关，检察建议是检察机关履行法律监督职责和参与社会治理的重要手段。"余杭区检察院检察长陈娟接受记者采访时说："就本案而言，我院认为两名犯罪嫌疑人的行为涉嫌诽谤罪，达到严重危害社会秩序的程度，符合公诉立案的要求，因此，根据相关法律规定，在上级检察机关的指导下，我院向公安机关发出检察建议，建议公安机关立案侦查，这既是法律的要求，也是检察机关的职责所在。"

对于余杭区检察院来说，这是一份史无前例的检察建议书。

对于检察系统而言，这是一份汇聚了四级检察机关智慧的检察建议书。

检察建议书不长，不过寥寥三百余字，却史无前例地明确将恶劣的网络暴力界定为"严重危害社会秩序"；史无前例地在当事人已经自诉的情形下，依然建议转为公诉程序，由公安机关予以立案调查。

杭州市公安局余杭区分局：

你局于2020年8月13日对郎某某、何某某2人侮辱、诽谤谷某某作出行政处罚，对郎某某、何某某分别行政拘留9日。被害人谷某某于2020年10月26日向杭州市余杭区人民法院提起自诉，杭州市余杭区人民法院于同年12月14日决定立案。

> 期间，相关视频材料仍在网络上传播、发酵，情势发生变化。本院接到上级院指令，对该案介入调查后发现，郎某某、何某某的行为不仅损害被害人名誉权，还严重危害网络社会公共秩序，给广大公众造成不安全感，严重危害社会秩序，符合《中华人民共和国刑法》第二百四十六条第二款之规定，属于公诉案件。
>
> 经研究，本院认为该案应以公诉案件立案处理。根据《中华人民共和国刑事诉讼法》第一百一十三条之规定，建议你局对郎某某、何某某涉嫌诽谤案予以立案侦查，并依法移送审查起诉。

这份措辞严谨、格式工整的检察建议书，如同一纸宣言书，在严峻的网络暴力环境中撕开了一道口子，宣示着：是时候该给极端的网络诽谤案立下"规矩"了！

念念不忘，必有回响。检察建议书发出的第三天，也就是12月25日，杭州市公安局余杭区分局根据检察建议，对郎某某、何某某涉嫌诽谤一案立案侦查。这意味检察机关之前的努力得到了积极反馈，也意味着谷某某迎来了一个关键的转折。

公安机关刑事立案

这一诽谤案到底该自诉还是公诉，这个问题对公安机关而言，同样也是一个逐渐认识清晰的过程。虽然检察机关意见非常明确，但公安办案人员心中一开始也是犯嘀咕的。

公安机关是最早接触到当事人的执法人员。早在2020年8月，杭州市公安局余杭区分局良渚派出所民警就接到了谷某某的报警。案情并不复杂，很快民警们就找到了郎某某、何某某二人，并对他们进行了行政处罚。

案结事了，随着郎某某、何某某二人结束了9天的行政拘留，这桩简单的诽谤案在行政程序中就算画下了句点。至少对于公安机关来说，本案案情简单、证据清楚、程序正确，没有什么可争议的。

但谁也没有想到，行政程序的句点，并没有阻止网络世界的潮起涌动。谷某某依旧在承受着伤害，甚至比之前更加深重。恶意编排的谎言没有长脚，却比任何东西的蔓延都要迅速；事实的真相已经经过公安机关的确认，却似乎只能留在谷某某自己的心里。

辞掉工作、茶饭不思、身形暴瘦……谷某某一度抑郁就医，却改变

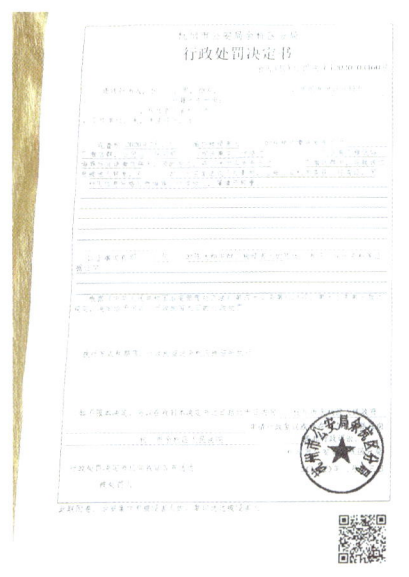
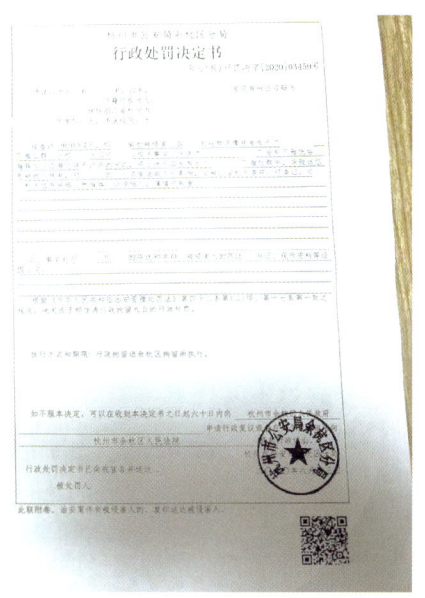

杭州市公安局余杭区分局对郎某某、何某某作出的行政处罚决定书

不了什么。复盘整件事情始末，一切都显得那么合理，事件中的每个人似乎都做完了自己该做的事情：当事人谷某某遇事后没有采取极端的办法报复，而是选择了寻求公安机关介入；公安机关依法履行职责，对郎某某、何某某二人进行了行政处罚；年轻的郎某某、何某某二人得到了应有的惩罚，没有也不想节外生枝，只想快点让事情过去；被拘留后的郎某某要去挽回妻子的信任，不至于落个离婚收场，年纪更小的何某某则差点因为此事丢了未婚妻。

一个看似标准的坏人被惩处、正义得到伸张的皆大欢喜结局，实际却并不那么欢喜。这个一切如常的"怪圈"中，检察机关发现了端倪，民警则有着更直接的体会。

"其实，民警们对这个案子的认识也是在逐步深入的。刚开始我们介入时，有民警觉得郎某某、何某某的行为更像是开个玩笑。但是随着立案侦查后才发现，被害人确确实实受到了很大的伤害，不是一个玩笑那么简单。"承办该案的余杭区检察院检察官孔凡宇告诉笔者。

人言可畏、三人成虎。刑事立案后，民警和检察官进行了多次询问与讯问。有一个细节让承办人记忆深刻：谷某某有一个以前的同事，目前居于海外，竟然也在网上看到了谷某某出轨的谣言，还专门通过微博发私信来数落她，非常不客气地说："你和快递员的事情已经传开了，我都知道了，你好自为之。"

"很多人都是这样的，以为网上随便发一个假言论没关系，随便就可以过去了。但事实是，一个好好的姑娘就这样沦为了喷子发泄的靶子。"孔凡宇告诉笔者，这种随便的行为的背后或许是违法成本低，或许是网络环境混乱，或许是人性的不自觉，但不论是哪种原因，都是时候该整顿

谷某某发布的微博

了。这个案子，必须立案，必须公诉！

公诉立案后，媒体、专家和网民均给予了高度评价。2020年12月26日，浙江省检察院新媒体刊发通报《关于郎某某、何某某涉嫌诽谤犯罪案的情况通报》。通报发出后，立即引发舆论广泛关注，最高检微信公众号转发此条微信的阅读量160982次、点赞820次，最高检官方微博此条微博阅读983万次、点赞2151次、转发943次、评论213条。通报还引发学界和网民的围观和热议，多位知名法学专家撰文对案件的实体与程序处理进行论证。

12月27日，最高检新媒体、正义网连续发布樊崇义、刘仁文、吴宏耀、时延安、孙道萃等法学专家的评论文章，论述了本案自诉转公诉的法理、程序及意义；同时，发布了《为无辜者撑腰，让无力者有力！》《女生遭诽谤"自诉"转"公诉"：把刑事保护打上公屏》两篇媒体评论文章，48小时内阅读量达到2109万余次。

自诉转公诉的"庭前幕后":浙江余杭网络诽谤案

新浪微博建立了本案的相关话题"女子被造谣出轨事件两人被立案侦查""当事人回应造谣者被立案侦查""央视主播谈女子被造谣出轨事件立案"等,阅读量超63亿次。其中,"女子被造谣出轨事件两人被立案侦查"一度冲上微博热搜榜第二。

有媒体发文评论道:"本案体现了人格权保护的升级,向诽谤者宣示法律红线。从实际影响看,本案已明显达到'严重危害社会秩序和国家利益''引发公共秩序混乱'的程度,故相应的追责和量刑处罚也应升格。本案是司法机关对于新型涉网犯罪作出的积极作为,既是响应《民法典》人格权保护的新要求,也是对既有刑法条款的创新应用。本案同时体现了司法智慧和勇气担当,此次检方主动'跨出步'、主持公道,积极回应公民在网络社会的法律保护需求,满足公众的法治获得感,是一种'实力圈粉'。"

被害人自诉撤诉

虽然刑事立案得到肯定,但自诉该如何转为公诉依然存在程序上的困难,如何落实"自诉转公诉程序转换不出现瑕疵"的要求,检察机关着实费了一番功夫。

"虽然公诉已经立案了,但谷某某提出的自诉立案依然还在法院摆着,一个案子不能同时立两个。"程序的难题,一开始就摆在了承办人的面前。

余杭区检察院检察长陈娟表示,从理论上讲,对于同一"诉因"的两个诉,自诉应当被公诉吸收,但关于自诉转公诉的程序问题,我国刑事诉讼法和相关司法解释并没有明确规定,实践中也没发现类似判例。在被害人谷某某已经向法院提起刑事自诉、法院也已受理的情况下,如果谷某某不主动撤诉或者法院不裁定驳回起诉、终止审理,启动公诉程序是存在障碍的,因为公诉和自诉是否能够并存有着不小的争议。

突破口自然是在谷某某一方,只要她撤回自诉,公诉立案难题自然可以迎刃而解。检察官孔凡宇表示:"我们一开始担心,在自诉案件中,谷某某作为一方,权利义务可能更大。如果是公诉案子的话,谷某某只是一个被害人了,所以我们与她进行了一番释法说理的沟通工作。"

虽然存在一些担忧,但沟通的过程却是非常顺利。"只要自诉能成功就已经是非常好的结果了,但很幸运的是,我的案子由自诉转成了公诉。"谷某某说,检察院的同志联系我的时候,我也挺惊讶的。他们告诉我,此案影响恶劣、严重危害社会秩序,已经达到了公诉的程度,需要检察机关介入。

随后,谷某某主动到法院撤案,自诉转公诉程序比较顺畅。"被害人

余杭区检察院检察长向被害人告知权益

自诉转公诉的"庭前幕后":浙江余杭网络诽谤案

积极支持配合司法机关工作,次日就主动向法院撤回了起诉,从而实现了自诉向公诉的衔接。"孔凡宇说。

自此,自诉案件顺利转为公诉案件。不过,这只是正义的起步,后期不仅需要刑事立案后的调查取证有专业、扎实的进展,还需要后续的刑事公诉与司法判断以案释法,捍卫人民权益,更需要法律之外的社会反思,能够痛彻深入。

检察机关提前介入侦查协同取证

想让正义不仅仅停留在起步,就需要完成繁琐复杂的调查取证工作。办案人员为此投入了大量的精力。"他们每天都在加班,当时就觉得因为

检察机关提前介入引导侦查

046

我的案子让他们这么忙还挺愧疚的。"谷某某说。

为了保证调查的顺利进行,检察机关提前介入引导侦查。余杭区检察院检察官丁灵敏、孔凡宇告诉笔者:"公诉立案后,我们介入引导侦查,对相关的案卷进行查阅,跟公安人员一起去调查取证。在自诉的时候,谷某某主要还是依据她自己提供的证据,特别是那些广大热心网友发送给她的一些微信聊天记录、截图等。"

谷某某向警方提交了前期整理的两百个左右的证据,警方每一个都去做了更为详尽的补充证据工作。办案人员一方面根据这些证据线索,找到相应证人做笔录,然后把相应的视频、截图做成符合条件的电子证据,做到扎实、合法;另一方面从这些线索当中排查出新的证据,比如微信群、公众号和其他一些传播的途径,然后找相关证人按照刑事诉讼的工作要求进行固定。

检察院技术部门取证

自诉转公诉的"庭前幕后":浙江余杭网络诽谤案

值得一提的是,办案人员通过与技术部门协作,对两名犯罪嫌疑人的手机重新进行勘查。刚开始,办案人员以为两名犯罪嫌疑人只在7月7日、8日、9日三天发布了虚假截图,后来勘查发现发布行为后期仍在持续,一直延续到16日。据此,办案人员认定犯罪嫌疑人存在主观明知,因为犯罪嫌疑人不仅是在一开始的三天连续发布,而且被别人发现之后还在继续传播。

整个取证过程持续了将近一个月,最后形成案卷18卷、光盘76张、U盘2个,每份证据全都录屏,每一个证人都有同步录音录像。当参与此案的律师第一次看到堆积如山的案卷时颇为惊讶:来阅卷的时候以为是一个简单的案件,结果一看证据卷这么厚,看来公安机关和检察院确实做了大

本案案卷

第三章 立案侦查、审查起诉过程

量的工作。

事实上，检察院和公安机关的工作远比这整理成卷的证据材料要多得多。整个取证的过程并不算顺利，比如，在获取最为关键的证据时，就是郎某某和何某某在车友微信群里初次捏造的聊天记录，办案人员想找到这些完整的记录来固定证据，差点就没成功。

因为事情发生在2020年8月，这些捏造的信息被传播出去后，车友群的群主有点害怕，就把该群解散了，其他人也纷纷退群。办案人员想固定证据时，群里只剩一个人。好在办案人员通过各种途径找到了这个唯一的群友，她不太看微信，所以还没打开过这个群的聊天信息，反而保存下了证据。

"这个人如果也把群退掉的话，我们固定证据就更加困难了。"孔凡宇说，"后来，我们对转发的情况——审查，共找到118个微信群对谣言进行过传播。"

此外，在获取"严重扰乱社会秩序"的证据方面，办案人员根据谷某某提供的证据清单，补充了大量证据，因为涉及北京、上海、广州、成都等多地，涵盖新浪、澎湃新闻、红星新闻等多个媒体单位。两名办案人员分头行动，一名承办人在三天内去了上海和广州，另一人则花了五天去往北京和成都，从媒体处获取了一部分传播数据，

媒体对案件进程的报道

也向当时采访过谷某某等当事人的记者进行取证，了解被害人和犯罪嫌疑人案件发生时的真实状态。

检察官丁灵敏告诉笔者，案件移送起诉后，检察机关一方面对证据全面审查，另一方面也充分保障犯罪嫌疑人和被害人的权利和义务。其中，犯罪嫌疑人何某某书面提出需要法律援助。检察院根据相关规定发函给司法局，商请为何某某指定法律援助律师。司法局第一时间指派律师，确保犯罪嫌疑人辩护权利。

功夫不负有心人。所有证据补充侦查完毕之后，公安机关于2021年1月19日把案件移送到检察院，检察院审查之后，于次日受理。

视频观看地址：

https://tv.cctv.com/2021/01/16/VIDEX2FVN4HR2DwOyJ5TNcfo210116.shtml

检察机关提起公诉

2021年2月25日，余杭区检察院对两名犯罪嫌疑人开展认罪认罚工作。承办检察官就本案认定的事实、情节、量刑建议充分听取犯罪嫌疑人和辩护人的意见，最后两人均自愿认罪认罚。

其间，检察官就赔偿谅解问题与双方做了沟通。本着修复社会关系的目的，双方在辩护人和诉讼代理人的见证下，确定赔偿金额。

"我们认真审查了该案所有的证据材料，仔细梳理了犯罪嫌疑人的犯

检察机关询问被害人、讯问犯罪嫌疑人

罪事实和情节。我们认为,认定犯罪嫌疑人构成诽谤罪的犯罪事实清楚,证据确实、充分。因此,我院对该案犯罪嫌疑人积极宣讲犯罪嫌疑人认罪认罚从宽制度,讲清利害关系。"丁灵敏表示。

"其实前期,双方在沟通中不是特别顺畅,最初犯罪嫌疑人法律意识比较淡薄,没有意识到自己的行为已经造成严重的后果,认为只要赔点钱就可以了事,没想到此事最后竟会发酵得如此之大。"丁灵敏说,在经过释法说理之后,两名犯罪嫌疑人幡然醒悟,认罪态度很好。认罪认罚控辩协商现场,两名犯罪嫌疑人认识也是比较深刻的,也意识到自己所犯之事的严重性,对网络社会秩序造成恶劣影响。

随后,根据犯罪嫌疑人所犯罪行和相关法律规定,结合他们认罪认罚的态度,余杭区检察院审慎地提出了相应的量刑建议。在辩护人在场的情

自诉转公诉的"庭前幕后":浙江余杭网络诽谤案

认罪认罚控辩协商现场

况下,余杭区检察院严格按照规定的法律程序,让两名犯罪嫌疑人签署了认罪认罚从宽制度告知书、认罪认罚具结书。

"由于犯罪嫌疑人认罪认罚并积极赔偿,基于此,我院对认罪认罚的两名被告人作出量刑从宽和缓刑的建议,分别提出了有期徒刑一年,缓刑二年的确定刑量刑建议。"丁灵敏说。

在认罪认罚控辩协商现场,郎某某的辩护人表示,这个案子社会影响确实非常大,相关新闻媒体也进行了广泛的宣传。应当说,检察机关在办案的过程当中付出了巨大的努力,辩护人也代表郎某某对检察机关及时介入,包括引导其与被害人达成积极赔偿,以及整个过程当中付出的努力表示感谢。

郎某某的辩护人还表示,希望检察机关能够考虑到本案作为网络热点案件,具有一定的特殊性。这个案子最重要的意义在于整个案件的办理过程,让公众接收到网络不是法外之地的信号。

"接下来,我们将于近期向法院提起公诉,相信你们已经通过这件事受到了十分深刻的教育。"认罪认罚的最后,丁灵敏对郎某某和何某某说道:"你们因为一时兴起,对一个素不相识的陌生人进行一次公开诽谤,并捏造了一些比较低俗、虚假的聊天记录,在网上传播。网络扩散不仅严重侵害了被害人的人格权、名誉权,同时也严重扰乱了网络社会公共秩序,造成了广大网民对网络空间的一种不安全感。虽然说,在网络上我们可以自由发言,可以去展现自己的个性,张扬自己的个人风采。但是在享受言论自由的同时,我们还是要尊重事实,尊重法律,要遵守社会的公序良俗,希望你们以后无论是在现实生活中还是在虚拟的网络空间,都要做一个依法守法的好公民。"

案发之前,谷某某、郎某某和何某某都是杭州普通的不能再普通的上班族。但在案件发生后,不仅谷某某背着"恶名"陷入漩涡,郎某某和何某某所处的舆论和身边环境也变得一塌糊涂。

在认罪认罚完成之后,笔者见到了郎某某和何某某,二人穿着简单,拘谨地坐在会议室里。两人年纪都很轻,特别是何某某,一张娃娃脸还未褪去稚气。

郎某某对笔者坦言,这件事除了对自己影响很大,要留下案底之外,还给家庭带来很多负面影响。自己和妻子在这件事上一提起来就会吵架,甚至说要离婚。因为这件事就发生在本地,家里人、街坊邻居和朋友基本都知道,也会议论纷纷,对自己父母、妻子影响很大。另外,自己手机号也会接到一些陌生人的短信,内容全是对自己的咒骂。

何某某同样面临这个问题。他原本只是汽车修理厂里的一名小工,平常为数不多的爱好就是打打游戏刷刷视频,他和郎某某甚至从未谋过面,

自诉转公诉的"庭前幕后":浙江余杭网络诽谤案

只是恰好在同一个车友微信群里。

出了事以后,何某某时常会看网上对这件事的评论。看到网友对自己一水的恶评,何某某开始晚上睡不着觉了,这种情况一直持续了几个月时间。父母对何某某也很失望,一直以为作为家中独子的何某某是本分老实人,完全没想到会去做这种事情。特别是2020年10月,本是何某某与女友的婚期,却因为这件事被无限期推延了。发展到这个阶段,何某某觉得只能正面面对即将到来的开庭和审判。

随着案件的逐步推进,公诉的时间也越来越近。2021年2月26日,余杭区检察院正式向余杭区法院提起公诉。

> 经依法审查查明:
>
> 2020年7月7日18时许,被告人郎某某在杭州市余杭区良渚街道某小区东门快递驿站内,使用手机偷拍正在等待取快递的被害人谷某某,并使用微信号ljtlalala将视频发布在"三墩车队"微信群。后被告人郎某某伙同被告人何某某出于寻求刺激、博取关注的目的,分别使用微信号ljtlalala、ELIAUK假冒快递员和被害人谷某某,捏造了谷某某因取快递结识快递员、二人多次发生不正当性关系的微信聊天记录。被告人郎某某、何某某为增强聊天记录的可信度,还捏造"赴约途中""约会现场"等视频、图片。同年7月7日至7月16日期间,被告人郎某某将上述捏造的微信聊天记录截图39张及视频、图片陆续发布在"三墩车队"微信群,引发群内大量低俗、淫秽评论。
>
> 同年8月5日,上述偷拍的视频以及捏造的微信聊天记录截

图27张被他人合并转发,并相继扩散到"杭州6GT车友群""某小区业主群""龙盛球场足球联盟"等118个微信群(群人数约2.6万),以及"叔道技能""走岸""乡村八卦"等7个微信公众号(阅读数2万余次)、"成人之美"网站(浏览量1000次)等网络平台,其中仅"叔道技能"微信公众号截至同年8月13日的阅读数就达17144次,引发大量低俗评论。被害人谷某某因被诽谤导致无法正常履职而被公司劝退,后又被医院诊断为抑郁状态。

同年8月至12月,多家媒体报道此事,相关话题引发网络热议,其中仅微博话题#被造谣出轨女子至今找不到工作#阅读量就达4.7亿、讨论5.8万人次。该事件在网络上的广泛传播给广大公众造成不安全感,严重扰乱网络社会公共秩序。

……

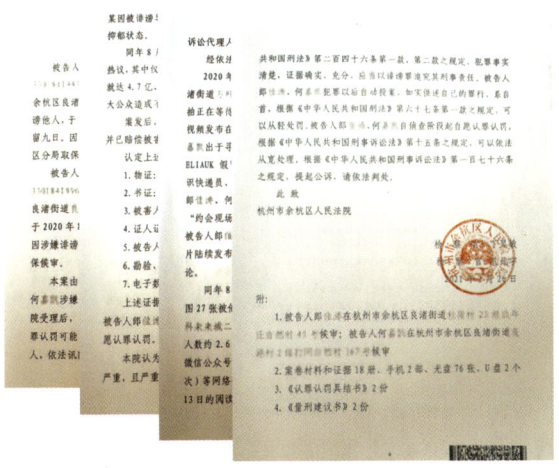

检察机关起诉书文本

自诉转公诉的"庭前幕后":浙江余杭网络诽谤案

检察机关起诉认定,2020年10月26日,被害人向杭州市余杭区人民法院提起刑事自诉,杭州市余杭区人民法院于2020年12月14日决定立案,并依法要求杭州市公安局余杭区分局提供协助。其间,相关视频材料进一步在网络上传播、发酵,案件情势发生了变化,郎某某和何某某的行为不仅损害被害人人格权,而且经网络社会这个特定社会领域和区域得以迅速传播,严重扰乱网络社会公共秩序,给广大公众造成不安全感,严重危害社会秩序,已触犯刑法第246条第1款、第2款的规定,依法应以公诉程序追究其诽谤罪的刑事责任。

在公诉之前,谷某某接受了笔者采访,此时的她似乎变得更加成熟了。她告诉笔者,几个月之前,这个案件给她带来的改变基本上都是负面的。但现在回过头来想,能够勇敢站出来,或许是她身处这场漩涡中最正确的决定,现在有一些类似经历的人都私信她,说感谢她的勇气。

方圆杂志社记者采访谷某某

虽然庭审还没有开始，但此时的谷某某是乐观的。"我现在想的，已经不是这个案子的得失，而是想通过我这件事让大家看看，在遭遇不公正对待的时候，要相信法律、相信勇气是能够改变一些什么的。"谷某某说。

2021年2月26日，谷某某在个人微博发文表示，感谢人们对自己的关注与支持，这一篇章也将要翻过去了，新的生活还是要继续。"我不想让大家认为我有过度地消费这个事件，所以一直没有在我的个人账号更新过多的东西，但是我现在觉得案件即将结束，这一篇章即将翻过去，新的生活也要开始，所以我开始逐渐地站出来，我觉得可以在我的个人账号上更新一些内容。"

同时，谷某某表示，自从该案公开后，许多和自己类似的受害人都来向自己留言求助，而且自己未来也会通过视频的形式分享维权的经验与建议，从而帮助更多的人。

新闻报道观看地址：

https://www.spp.gov.cn/zdgz/202102/t20210226_510026.shtml

CHAPTER 4
第四章
开庭审理及判决过程

⚖ 庭审纪实

2021年4月30日,杭州,说是骄阳如火并不过分,超过30摄氏度的天气和空气中蒸腾的水汽,让人已经嗅到了夏天的气息。这是"五一"小长假的前一天,西湖边漫山似海的人群,提前宣告了这个假期的火爆。距离

浙江省杭州市余杭区人民法院

西湖将近30公里的余杭区人民法院,与这份火热形成了鲜明的对比,肃静的法庭之上,郎某某、何某某在等待着最后的宣判。一场持续了近一年,数次登上热搜的法治新闻,将在四月的尾巴上画上一个阶段性的句号,这个句号或许很小,也或许会被后来者频繁提及。

上午9时,余杭区人民法院第八审判庭。书记员宣读完法庭纪律后,公诉人、辩护人、审判长、审判员、人民陪审员依次入庭。随着审判长的一声法槌落下,身穿黑色T恤的郎某某和白色T恤的何某某被法警带入审判庭,在被告人席落座。

郎某某和何某某被法警带入审判庭

一黑一白的两个年轻人都戴着蓝色医用口罩,只露出双眼的两人和他们的衣着打扮一样简单而平静,看不出内心的波澜。或许,对于他们而

自诉转公诉的"庭前幕后":浙江余杭网络诽谤案

言,安静地等待审判,就是现在最好且唯一的选择。被告人席正对审判人员席,意味着法庭的权威;审判人员座位两旁分列公诉人席和辩护人席,相对而坐代表着审判不偏不倚。审判人员、公诉人、辩护人此时皆低头伏案,为庭审做着最后的准备工作。

审判人员座位前,被告人席后,旁听者众。虽然是假期前的最后一天,但并没有妨碍公众对于这场审判的关注,不大的法庭前前后后容纳了数十名旁听者,还有不少媒体架起了"长枪短炮",似乎不想遗漏关于这场审判的点滴。

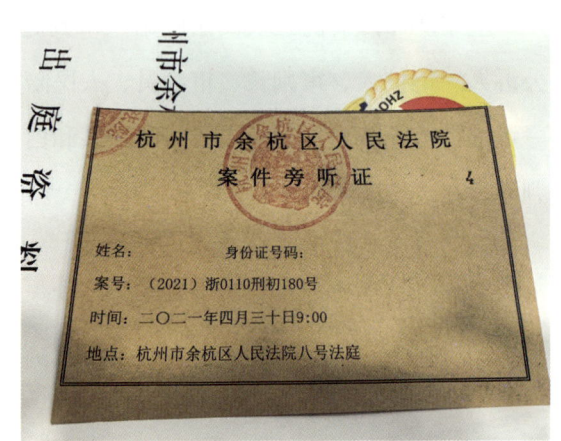

案件旁听证

9时10分,在告知被告人及辩护人诉讼权利和认罪认罚法律规定后,审判长表示,由于本案证据材料较多、案情社会影响重大,本院依据相关法律规定,已于3月29日组织控辩双方召开了庭前会议。宣布完毕后,庭审活动正式开始,分为法庭调查、法庭辩论、被告人最后陈述三个阶段。

首先,由公诉人孔凡宇宣读起诉书。

……本院认为,被告人郎某某、何某某捏造事实诽谤他人,情节严重,且严重扰乱网络社会公共秩序,其行为已触犯《中华人民共和国刑法》第二百四十六条第一款、第二款之规定,犯罪事实清楚,证据确实、充分,应当以诽谤罪追究其刑事责任。被告人郎某某、何某某犯罪以后自动投案,如实供述自己的罪行,系自首,根据《中华人民共和国刑法》第六十七条第一款之规定,可以从轻处罚。被告人郎某某、何某某自侦查阶段起自愿认罪认罚,根据《中华人民共和国刑事诉讼法》第十五条之规定,可以依法从宽处理。根据《中华人民共和国刑事诉讼法》第一百七十六条之规定,提起公诉,请依法判处。

公诉人宣读起诉书

起诉书宣读完毕,法庭调查开始。

"你为什么要拍涉案的视频?"

"为什么要把视频发到群里?"

"你有无想过给社会造成了什么样的影响?"

"你现在对整件事情是什么态度?"

......

面对公诉人的当庭讯问,郎某某和何某某均表示和谷某某没有私人恩怨,编造谣言是一时冲动,目的就是给群友看,并没有想到后果那么恶劣,现在认识到了事态的严重性,愿意当场向被害人道歉,自愿认罪认罚。

之后,公诉人开始举证。证据主要分为四部分。

第一部分是证明被告人基本情况的证据,主要有户籍证明材料、行政处罚决定书等。

第二部分是证明被告人实施的犯罪行为方面的证据,主要有被告人郎某某和何某某的供述和辩解、被害人谷某某的陈述、微信群内群友的证人证言、提取笔录和书证。

第三部分是证明犯罪危害后果方面的证据,分为三组:第一组证明被告人捏造的聊天截图在网络上被广泛传播,并引发大量低俗评论,破坏网络空间秩序,主要有各微信群传播和聊天情况、公众号的传播情况、公安和媒体关于传播情况的说明;第二组证明被害人被诽谤后的精神状况和经济损失,主要有被害人陈述,被害人亲友、同事及医生的证言,病例和离职证明等;第三组证明被告人的诽谤行为引发网友对网络空间的不安全感,严重危害社会秩序,有网友的证言、提取笔录等。

第四部分是其他证据,主要证明案发后被告人归案经过、赔偿等情况。

辩护人主要针对第三部分证据提出质证。对于该部分证据,辩护人

第四章 开庭审理及判决过程

提出,第一点,本案的传播存在网友主动发掘的情况,有部分人员转发涉案视频聊天记录存在主动引流的情况,这部分舆论的发酵或热议、影响力应该与8月初的二被告人行为的影响力相区分;第二点,首先,证人证言能够证明被害人是抑郁状态而非抑郁症,这个信息在传播过程中在公众的认知层面有一定的误解,其次,被害人收入与相关证明材料不相符,也是导致当时双方赔偿未能达成一致的因素,这两点是导致本案发生较深层次讨论的原因之一;第三点,部分信息的时间是2020年12月底及2021年1月,这部分舆论的发酵和热议,是在被害人进一步的发文寻求帮助之后产生,应与8月初二被告人行为的影响力相区分,且该部分热议对被害人实际是有利的。另外,2020年8月,事情已被警方澄清、被告人受到行政处罚的情况下,信息的进一步传播已经超出二被告人可预见的范围,且相关事实澄清之后的热议,其作用是积极的,不是对被害

庭审现场

人本人具有危害性的后果。

对其他证据,被告人、辩护人均表示无异议。法庭调查结束,法庭辩论围绕本案的定罪、量刑及涉案财物处理进行。

首先,由公诉人发表公诉意见。

审判长、审判员:

根据《中华人民共和国刑事诉讼法》第一百八十九条、第一百九十八条和第二百零九条等规定,我们受杭州市余杭区人民检察院的指派,代表本院,以国家公诉人的身份,出席法庭支持公诉,并依法履行法律监督。现对本案证据和案件情况发表如下意见,请法庭注意:

一、被告人郎某某、何某某的行为构成诽谤罪

通过刚才的法庭调查,公诉人讯问了二被告人,向法庭宣读了证人证言、被害人陈述,播放了视听资料,出示了物证、书证等相关证据,上述证据均系通过合法程序取得,且经被告人及其辩护人充分质证,已经形成完整的证据链,足以证实本院起诉书的指控,二被告人的犯罪事实清楚,证据确实、充分,适用法律准确。

根据刑法第二百四十六条的规定,诽谤罪是指故意捏造并散布虚构的事实,足以贬低他人人格,破坏他人声誉,情节严重的行为。

1.被告人郎某某、何某某实施了故意捏造并散布虚假事实的诽谤行为

根据被告人郎某某、何某某的供述，被害人谷某某的陈述，"三墩车队"群聊记录、谷某某被偷拍视频、捏造的聊天截图、"三墩车队"群友严某、沈某某、姚某某、卜某某等人的证言，可以证实2020年7月7日至7月16日，被告人郎某某偷拍被害人谷某某视频，伙同何某某分饰快递员和被害人谷某某，捏造了谷某某因取快递结识快递员、二人多次发生不正当性关系的微信聊天记录，相关聊天截图被散布在群成员为275人的"三墩车队"群。

2.被告人郎某某、何某某的诽谤行为，贬低他人人格，破坏他人声誉，已达到"情节严重"

首先，网络传播扩散情况严重侵犯了被害人谷某某的名誉权和人格尊严，使被害人的工作、生活和身体健康遭受了极大的影响。根据被害人谷某某的陈述、证人邹某某、盖某某、闫某某等人的证言、门诊病历、诊断证明书等相关书证，足以证实被害人谷某某因被诽谤导致无法正常履职而被公司劝退，后又被医院诊断为抑郁状态。其次，本案诽谤信息被点击、浏览次数达到"情节严重"。根据证人证言、微信聊天记录、杭州市西湖公证处出具的公证书、信息传播统计表、手机录屏及图片、证人邵某提供的公众号数据明细等，可以证实：诽谤信息传播118个微信群（群人数2.6万余人）以及被微信公众号、网站转载后浏览量达2万次以上，引发大量低俗评论。本案已经达到司法解释规定的诽谤罪"诽谤信息被点击、浏览五千次以上"的"情节严重"的标准。

3.本案属于"严重危害社会秩序和国家利益"，符合诽谤罪

自诉转公诉的"庭前幕后":浙江余杭网络诽谤案

公诉情形

本案属于"严重危害社会秩序和国家利益"的网络诽谤,应当依法予以公诉。本案二被告人与被害人此前素不相识,诽谤行为针对的是毫无关系和因果纠葛的陌生人,二被告人随意编造的虚假诽谤信息,通过互联网迅速传播,恶意诽谤他人,不仅严重损害了被害人名誉权和人格尊严,而且经网络迅速传播,这些远不是传统的社区传播的影响范围,社会危害也远非被害人个人所能承受。国内多家媒体先后报道此事,相关话题引发网络热议,仅其中一个话题阅读量就达4.7亿、讨论5.8万人次。该事件引发公众在人格权和隐私权方面的安全感下降,也影响"围观"群众对国家法治、个人安全、社会治理的信心,实际造成了对社会秩序的严重损坏。

综上,在案证据之间能够互相印证,形成完整的证据体系,结合今天的庭审,足以证明起诉书的指控,犯罪事实清楚,证据确实、充分。

二、对被告人郎某某、何某某的处理意见

被告人郎某某、何某某捏造事实诽谤他人,情节严重,且严重扰乱网络社会公共秩序,根据《中华人民共和国刑法》第二百四十六条的规定,均应当以诽谤罪追究其刑事责任。被告人郎某某、何某某案发以后主动投案,如实供述自己的罪行,根据《中华人民共和国刑法》第六十七条之规定,系自首,可以从轻处罚。被告人郎某某、何某某自侦查阶段起自愿认罪认罚,并补偿了被害人的经济损失,根据《中华人民共和国刑事诉讼法》第十五条之规定，可以依法从宽处理。

本案发生后，引发了社会的广泛关注，被告人郎某某、何某某，你们二人对一个素不相识的陌生人，因一次一时兴起的偷拍，一段博人眼球的编造，从而站在了今天的被告人席上。此时此刻，相信你们的内心是沉重的，所要付出的法律代价也是惨痛的。经过这次事件，希望你们能够更加深刻地理解网络谣言和网络诽谤的严重危害，更加清醒地认识到"网络空间不是法外之地"，在网络上辱骂诽谤他人与现实生活中面对面实施的行为一样，都要承担法律责任！

综上所述，起诉书认定本案被告人郎某某、何某某犯诽谤罪的事实清楚，证据确实、充分，依法应当认定二被告人有罪。建议合议庭根据二被告人的认罪态度、犯罪情节、社会危害性等，判处被告人郎某某有期徒刑一年，缓刑二年；建议判处被告人何某某有期徒刑一年，缓刑二年。公诉意见发表到此。

随着公诉人的话音落下，2500字的公诉意见书宣读完毕。

郎某某的辩护人发表辩护意见，表示郎某某系初犯、偶犯；具有自首情节；去自首前叫上同案人员，节省司法资源；如实供述，一直向被害人表示歉意，并有赔偿意见，且已经交了赔偿金；参加公益行为弥补自己的过错。综上，希望法庭对被告人判处缓刑。

何某某的辩护人表示，对指控的罪名及事实无异议。在量刑方面，何某某主观恶性较小；系自首；在案发后积极向被害人道歉和赔偿，并自愿认罪认罚，可以依法从宽处理；归案之前一贯表现良好，系初犯偶犯，无

自诉转公诉的"庭前幕后":浙江余杭网络诽谤案

前科劣迹;对被告人用缓刑是适宜的。

在公诉人发表完答辩意见后,审判长宣布,经过两轮的法庭辩论,控辩双方的观点已阐明,法庭辩论终结,由被告人进行最后陈述。

最后,郎某某说道:"经过这么久,我已经深刻反思自己的过错,已经认识到错误,希望法庭给我一次机会,给我判处缓刑,我会好好做人。"何某某表示:"通过这次事情,给我的教训很大,我很后悔,我内心要向被害人说一声对不起,我会遵纪守法,为社会做贡献。"

最后陈述环节,郎某某和何某某认罪认罚,再次对自己的行为进行了反思。

判决情况

经过一个小时紧张的合议讨论,余杭区人民法院于11时30分作出判决。

> 法院经审理查明:
>
> 2020年7月7日18时许,被告人郎某某在杭州市余杭区良渚街道某快递驿站内,使用手机偷拍正在等待取快递的被害人谷某某并将视频发布在某微信群。被告人何某某使用微信号冒充谷某某与自己聊天,后伙同郎某某分别使用各自微信号冒充谷某某和快递员,捏造谷某某结识快递员并多次发生不正当性关系的微信聊天记录。为增强聊天记录的可信度,郎某某、何某某还捏造"赴约途中""约会现场"等视频、图片。同月7日至16日间,郎

某某将上述捏造的微信聊天记录截图数十张及视频、图片陆续发布在该微信群，引发群内大量低俗、淫秽评论。

之后，上述偷拍的视频以及捏造的微信聊天记录截图被他人合并转发，并相继扩散到110余个微信群（群成员总数2万余人），引发大量低俗评论，多个微信公众号、网站等对上述聊天记录合集转载推文（总阅读数2万余次），影响了谷某某的正常工作生活。谷某某向公安机关报案后，郎某某、何某某主动到公安机关接受调查，承认前述事实。公安机关对郎某某、何某某行政拘留，并发布警情通报辟谣。

2020年8月至同年12月，此事经多家媒体报道并引发网络热议，其中仅微博话题"被造谣出轨女子至今找不到工作"阅读量就达4.7亿、讨论5.8万人次。该事件在网络上的广泛传播给广大公众造成不安全感，严重扰乱网络社会公共秩序。

案发后，被告人郎某某、何某某对被害人谷某某进行了赔偿。

法院经审理认为：

被告人郎某某、何某某出于寻求刺激、博取关注等目的，捏造损害他人名誉的事实，在信息网络上散布，造成该信息被大量阅读、转发，严重侵害了被害人谷某某的人格权，影响其正常工作生活，使其遭受一定经济损失，社会评价也受到一定贬损，属于捏造事实通过信息网络诽谤他人且情节严重，二被告人的行为均已构成诽谤罪，检察机关指控的罪名成立。

鉴于二被告人的犯罪行为已并非仅仅对被害人谷某某造成影响，其对象选择的随机性，造成不特定公众恐慌和社会安全感、

自诉转公诉的"庭前幕后":浙江余杭网络诽谤案

秩序感下降;诽谤信息在网络上大范围流传,引发大量淫秽、低俗评论,虽经公安机关辟谣,仍对网络公共秩序造成很大冲击,严重危害社会秩序,检察机关以诽谤罪对二被告人提起公诉,符合法律规定。

考虑到二被告人具有自首、自愿认罪认罚等法定从宽处罚情节,能主动赔偿损失、真诚悔罪,积极修复法律关系,且系初犯,无前科劣迹,适用缓刑对所居住社区无重大不良影响等具体情况,法院对检察机关建议判处二被告人有期徒刑一年,缓刑二年及辩护人提出适用缓刑的意见,予以采纳。

"判一缓二"的判决结果,对郎某某和何某某来说,或许是最公正的裁决,他们均表示不再上诉,这场造谣风波就此画上了句号,也打上了深刻的法治印记。其中意义如何,更可留待后人细细探索。

庭审从早上九点持续到十一点半,过程并无波折。但实际上,从提起公诉到正式开庭,检察官丁灵敏和孔凡宇为了这份起诉书已经准备了将近两个月的时间。这两位见过各式各样刑事案件的检察官,面对这样一起看似简单的诽谤案,却是打起了十二分的精神。因为不仅是对于他们,这个案件对于整个余杭区乃至杭州甚至是全中国,都是不多见的。

39张截图、118个微信群、2.6万群友……这些起诉书上一扫而过的简单词语,随着丁灵敏沉稳的语调接连蹦出,现场有数十双耳朵听见了,却没几个人真正看见这些词语的背后,是丁灵敏和她的同事们多少个熬夜加班的成果。起初,辩护人并不认可检方118个微信群的举证,认为本案诽谤信息传播的微信群只能认定26个,即公安机关已经做过笔录确认的,其余92个微信群皆不可认定。

而事实上，谷某某向检察院提供的微信群远不止118个，检察院在逐个查证的过程中，将可以清楚辨认的群名、录屏资料做了全面细致的梳理，对每个书证、电子证据予以固定，将无法识别群名、无法排除是否和已查证的微信群群名重合的，按照有利于犯罪嫌疑人的原则予以排除，最终确认了26+92=118个微信群的传播范围。在庭审现场，辩护人对118这一数字不再持有异议。

辩护人持有异议的还包括取证的合法性。由于新冠肺炎疫情的影响，在侦查过程中，对29位证人采取了远程视频询问方式，也就是所谓的"云上取证"，这种打破时间和空间壁垒的调查取证方式，也打破了对于传统诉讼的认知。"云上"取来的证据究竟该不该被采信？

检察院认为，至少在三个方面可以证明其合法性：其一，主体合法性，司法机关办案人员利用网络创设"云上取证室"，被害人、证人通过支付宝搜索"云上取证"小程序进入网络取证室，被害人、证人经过了多重身份认证，确保对象真实；其二，程序合法性，在远程取证过程中，询问笔录制作、证据展示、证据上传、笔录阅看及签字确认等程序一应俱全，严格落实了法律规定，取证有效得到充分保障；其三，形式合法性，虽然取证介质变化，但是搜集的证据与在案其他证据能够相互印证，可以作为刑事证据使用，仍具有证明力。

"退一步讲，即使制作的笔录不能作为证人证言使用，利用该系统在制作笔录时的同步录音录像视频仍可以作为'视听资料'的证据形式而被采信。"检察官孔凡宇在庭审结束后告诉笔者。

事实上，庭上的云淡风轻，是庭前积极沟通、充分辩论的结果。

"本案不属于严重危害社会秩序和国家利益,不符合公诉情形",开庭前,检察院和辩护人按照法定程序,已经有过一次交锋。这起案件是否属于公诉案件,是辩护人反复提及的争议焦点。而检方用了"信心"两个字,做了充分的应答:"该事件引发公众在人格权和隐私权方面的安全感下降,也影响'围观'群众对国家法治、个人安全、社会治理的信心,实际造成了对社会秩序的严重损坏。"

一个小小的诽谤案,就能动摇群众对于国家法治的信心?公诉人的话并不是危言耸听。取证过程中,检方查阅了2020年8月至12月网络上关于此次事件的评论121849条,深刻感受到了其中"人人自危"的情绪。

"造谣的人没有惩罚吗?那以后不是很多人都跟他们学。"

"造谣成本这么低,随便街上找个人拍视频就能毁了别人的生活,这还不恐怖吗?如果不严惩,每个人都可能是下一个受害者。"

"总说不造谣不传谣,但是犯罪成本低得离谱,宣传做得再好有什么用,人民需要一个重判的案例当标杆。"

"很荒唐,可是操作起来这样简单,要杀死一个女人,语言就可以了,这样显得更荒唐了,身为女性,在这世上,该如何自处。"

"出离情绪的愤怒,只是下楼取了个快递,生活就产生了地陷一样的改变,造谣成本那么低,我们每个人都可能变成这个姑娘,她没有做错任何事,却要被无端指点,凭什么?"

……

官方媒体对案件结果的报道

只要关注这个案子的人，随意在网上搜索，便能看到网友的这些评论，这种"人人自危"的情绪同样传导给了办案的民警和检察官，他们甚至都不知道，自己会不会是下一个被诽谤的受害者，但是他们必须要做的，就是尽量减少受害者。

"本案严重危害社会秩序！"办案人员是这么想的，也同样斩钉截铁、旗帜鲜明地向辩护人和法庭表达了这个观点。

"严重危害社会秩序"可以得到印证，但辩护人进一步提出质疑，法律条文中明文写的是"严重危害社会秩序和国家利益"，那么，条文中的这个"和"字是并列关系，还是选择关系？辩护人认为是并列关系，只有同时满足严重危害社会秩序和国家利益两个要素时，此条文才可被引用。

自诉转公诉的"庭前幕后":浙江余杭网络诽谤案

公诉人认为,一般来说,刑法分则条文在两个要素之间使用"和"字时,并不一定表明"同时具备"的关系,而是需要从实质上进行考察,综合作出判断。比如,刑法第251条规定:"国家机关工作人员非法剥夺公民的宗教信仰自由和侵犯少数民族风俗习惯,情节严重的,处二年以下有期徒刑或者拘役。"该条中的"和"字表示的就是一种选择关系,而非并列关系。不论国家机关工作人员非法剥夺公民的宗教信仰自由,还是侵犯少数民族风俗习惯,只要具备其中之一,情节严重,都构成犯罪。同理,刑法第246条第2款中的"严重危害社会秩序和国家利益",两者不必要同时具备,只要具备其一即可。

"2014年的蔡某侮辱案,也可以印证这一观点。"公诉人介绍说,该案中,蔡某侮辱徐某盗窃并发微博以"人肉搜索"等方式对徐某进行侮辱,导致徐某不堪受辱自杀,该案并没有典型的"严重危害国家利益",但仍然按照刑法第246条第2款认定"严重危害社会秩序和国家利益",按照公诉案件处理。

"本案二被告人与被害人此前素不相识,诽谤行为针对的是毫无关系和因果纠葛的陌生人,二被告人随意编造的虚假诽谤信息,通过互联网迅速传播,恶意诽谤他人不仅严重损害了被害人名誉权和人格尊严,而且经网络迅速传播,这些远不是传统的社区传播的影响范围,社会危害也远非被害人个人所能承受……实际造成了对社会秩序的严重损坏。"在公诉人举证环节,丁灵敏再次重申了这一观点。

"轻罪不是无罪、更不是无害,可依法轻处但决不能放纵。"丁灵敏的声音铿锵有力,进入新时代,网络空间已不可避免地成为现实空间以外,与人民群众生活休戚相关的活动区域。由于网络的隐蔽性、违法成本

第四章 开庭审理及判决过程

低、查处困难等原因，网络造谣、网络诽谤等互联网乱象层出不穷，网络空间几乎沦为肆意侵害他人人格权的法外之地。但是"网络空间不是法外之地"，自由在任何空间都应该有界限，网络造谣虽然未必会伤及"身体发肤"，但造成的恶果却可能有过之而无不及，而且任何人都可能成为这类案件的受害者，如果听之任之，结果势必扰乱网络公共秩序和社会正常秩序。依法以公诉案件处理本案的目的，就是要强化对网络违法犯罪的治理，净化网络空间，全面推动线上线下社会治理。

"此时此刻，相信他们的内心是沉重的，所要付出的法律代价也是惨痛的。经过这次事件，希望他们能够更加深刻地理解网络谣言和网络诽谤的严重危害，更加清醒地认识到'网络空间不是法外之地'，在网络上辱骂、诽谤他人与现实生活中面对面实施的行为一样，都要承担法律责任。"公诉人孔凡宇表示。

在庭审现场，笔者没有看到此次深陷漩涡中心的谷某某。或许对于她而言，这场审判的意义，早在审判之前就已经实现。

"听到判决结果的时候，我觉得自己终于可以深呼一口气，这一篇终于翻过去了。对于这个结果，我完全可以接受。"

2021年4月30日，作为"女子取快递被造谣"一案受害人的谷某某，终于等到了一个结果：二被告人因诽谤罪被判处有期徒刑一年，缓刑二年。

谷某某在法院判决后发布的感想

自诉转公诉的"庭前幕后":浙江余杭网络诽谤案

"这次开庭,由于赶回杭州太过仓促了,所以和家人思虑再三决定由代理律师出席。事件发生十个月了,终于等到一个结果了,只是对我来说没能参加庭审还是有些遗憾。几个月之前,这个案件给我带来的改变基本上都是负面的。但现在回过头来想,能够勇敢站出来,或许是我身处这场漩涡中最正确的决定。"谷某某告诉笔者。

一个在舆论漩涡中心起伏了10个月的女子,在迎来结局的一刻选择了回避。她和家人思虑再三,可能包含很多理由,但这并不影响她做出的努力与尝试。笔者翻看了她的个人微博,除了一些个人记录外,还发现她开通了一个名为"碎碎念"的普法小视频栏目,或许这就是她通过这次风波可以为其他人所做的。

对此,谷某某的诉讼代理人表示:"上午开庭两个小时,庭审现场公诉人将所有指控证据分组进行展示说明,可以看出证据相当充分,且证据量极大,这也说明检察机关做了充分的准备,审查起诉阶段做了大量细致的工作。在短暂休庭后,余杭区法院当庭宣判,分别以诽谤罪判处被告人郎某某、何某某有期徒刑一年,缓刑二年。对于'判一缓二'的这个量刑结果,我和谷某某均表示认可。"

第一时间知道判决结果后,谷某某说:"遭遇这种无妄之灾,确实是一种不幸。然而,在这条维权之路上我又是何其幸运,

谷某某生活回归正轨

有那么多支持我的网友、媒体，有秉公执法的杭州政法系统。今天的结果并不是我个人维权的胜利，而是千千万万反对网络暴力的你们一起努力的成果。净化网络环境，反对网络暴力需从人人做起，这条路还在继续。"

"我们每个公民都是网络社会的一分子，也都可能是网络谣言的制造者和受害者。我们既要增强守法意识，将'线'上守法当成一种习惯，维护网络社会的良好秩序，也要善于运用法律武器捍卫自身权益，自觉抵制网络造谣诽谤的不法行为，还网络一个清朗的空间。"孔凡宇说，"我们希望借由此案昭示网络诽谤犯罪的代价，为互联网领域内的行为划清法律界限，降低公民的维权成本，浇筑可感可信的法治屏障，给人民群众以安全感、获得感。"

新闻报道观看地址：

https://www.spp.gov.cn/zdgz/202105/t20210506_517342.shtml

视频观看地址：

https://tv.cctv.com/2021/06/05/VIDEk21qX1NIKZyga948MkMK210605.shtml

💬 网络侵权乱象：每个人都可能成为受害者

如果不是一段被偷拍的视频，在杭州的普通上班族女孩谷某某，不会突然变成网络甚至现实生活里人们口中"与快递员出轨的富婆"，无辜遭受大量不堪入目的评论；千里之外的成都，如果没有被通报确诊，20岁的成都女孩赵某的生活也不会被放到网络平台"解剖"，由于流调显示她一日之内行程繁复，紧密接触者多，所到之处还包含多家酒吧，除了个人隐私被泄露之外，还有对她生活方式的猜测、调侃、谩骂甚至污蔑。

对于国人而言，网络暴力并不鲜见。笔者调查发现，虽然近年来因网络暴力而导致的个人信息泄露、名誉权受损等侵害公民人格权案例时有发生，然而真正选择维权者却少之又少，大多数当事人因救济困难等原因不再追究，因言语侮辱或泄露隐私最终被惩戒的行为人更是屈指可数。然而，网络暴力真的无妨、无罪吗？

在谷某某案中，被诽谤的谷某某选择了报警。案件先是行政处罚，接着谷某某向法院提起了诽谤罪的刑事自诉，再到检察院介入并提起公诉，最终两名被告人被判处有期徒刑一年，缓刑两年。"网暴"之下的成都女孩也选择了报警。成都公安机关发布警方通报，称对在微博上泄露这位姑娘个人信息的王某，已经依法予以行政处罚。"平安成都"上也刊登了倡议书，要求市民不要造谣或以网络暴力的方式散布他人隐私。不管是公民自己拿起法律武器维权，还是司法机关的介入，都彰显着一个规则——网络空间不是法外之地。

一般来说，网络暴力是指以言语、图片、视频等形式在网络上对他人进行人身攻击，常具有诽谤性、污蔑性、侵犯名誉或损害权益、煽动性等特点，对当事人名誉、荣誉、精神造成损害。网络暴力已经超出了对事件本身正常的评论范围，不但对事件当事人进行人身攻击，恶意诋毁，更将这种伤害行为从虚拟网络转移到现实社会中，对事件当事人进行"人肉搜索"，将其真实身份、姓名、照片、生活细节等个人隐私公布于众。这些评论与做法，不但严重地影响了事件当事人的精神状态，更影响了当事人的工作、学习和生活秩序，甚至造成严重的后果。

目前，网络暴力的对象已超出了某一个特定群体，有时候针对的是未成年人，有时候是明星或者热点事件中的某个人。网络暴力主要有三种表现形式：一是网民对未经证实或已经证实的网络事件，在网上发表具有伤害性、侮辱性和煽动性的失实言论，造成当事人名誉损害；二是在网上公开当事人现实生活中的个人隐私，侵犯其隐私权；三是对当事人及其亲友的正常生活进行行动和言论侵扰，致使其人身权利受损等。

网络暴力对当事人的名誉、权益与精神造成损害，而且已经打破了道德底线，往往也伴随着侵权行为和违法犯罪行为，亟待运用教育、道德约束、法律等手段进行规范。随着网络科技的不断发展，人们对微博、微信等社交媒体的依赖性变强，网络暴力现象也有愈演愈烈之势，成为一个愈发严重的社会现象。

网络暴力带来的危害不容小觑。网络暴力从网上蔓延到现实生活中，

自诉转公诉的"庭前幕后":浙江余杭网络诽谤案

一般带来的是心理而非身体的伤害,在潜意识下影响着人们的生活和工作。由于网络暴力的施暴者通常会运用诅咒、辱骂、威胁、警告等方式,让当事人产生恐惧、愤怒、困窘等情绪,所以不能小看网络暴力的严重性。被害人谷某某遭遇诽谤后,不仅遭受大量网友不堪入目的评论,"战火"还蔓延到线下,导致她被公司劝退、诊断为抑郁状态、找工作被拒、遭遇"社会性死亡"等。

为何网络暴力有愈演愈烈之势?

"随着网络发展,诸如网络诽谤等网络暴力行为频繁发生,甚至有愈演愈烈之势。"十三届全国政协常务委员兼副秘书长,民进中央副主席朱永新表示,网络暴力中的"网络暴民"利用网络世界的虚拟性、开放性对当事人实施人肉搜索、集体审判、人身攻击,一系列的行为失范最终导致当事人合法权益受到侵害,其实质是社会暴力在网络上的一种延伸。

在朱永新委员看来,网络的出现及快速发展,改变了人类的生活形态、价值观念以及传播方式。截至2020年12月,我国网民规模达9.89亿,互联网普及率达70.4%,互联网成为了人们表达自己观点的高地。然而,技术往往都是一把"双刃剑",利用与被利用终会造成两种不同结局。网络暴力便是人们非理性利用网络技术的苦果。由于网络传播速度快、范围广,其杀伤力呈指数级增长,往往给被害人和社会造成较大负面影响。中国内地第一个"网络暴力"现象——2006年的

朱永新委员

"高跟鞋虐猫事件"进入公众视野已有十四年,此事件之后,网络暴力愈演愈烈,成为社会之殇。

究其原因,朱永新委员认为,主要是网络媒体的隐匿性和开放性,"法不责众"效应明显。网络的隐匿性在追求言论自由的同时也为网络施暴者培育了行为失范、无责任感的"沃土"。并且,伴随网络体现出的高互动开放性的特性,网络权利行使的成本在降低,借助网络平台发布诽谤、诋毁他人的言论易如反掌,"网络民主"被滥用。

"另外,由于网络发展十分快速,网络暴力表现形式更是花样百出,而我国的立法工作进度缓慢,难以与其同步。立案困难、取证艰难,受害者陷入维权困境。"朱永新委员分析,此外,某些网络平台受商业利益驱动,为赚取流量获取广告收费等进行非正常舆论引导,为网络暴力提供滋生土壤。因缺乏专业的知识,网民对每天呈指数级增长的信息缺乏辨别能力,极容易受到煽动和不良引导。

刘仁文研究员

"以网络暴力中的网络诽谤为例,网络诽谤的行为方式明显区别于传统诽谤。"中国社会科学院法学研究所刑法研究室主任、研究员、博士生导师刘仁文表示,传统的诽谤罪的行为方式,如在社区、村镇张贴大字报,邻居、亲友间口口相传等,一般影响范围是局部的,而谷某某案中犯罪嫌疑人通过网络方式无限放大传播范围,造成不可控的影响,视频、图文方式更增加了诽谤信息的"可信度",对被

自诉转公诉的"庭前幕后"：浙江余杭网络诽谤案

害人造成更大伤害；在行为对象上，区别于那些犯罪嫌疑人与被害人有矛盾，为损害被害人声誉编造诽谤信息的情况。

在刘仁文看来，以谷某某案为例，被告人郎某某、何某某与谷某某素不相识，仅仅出于博眼球、炫耀目的，就肆意编造诽谤信息，这在客观上让人不寒而栗，每个人都可能成为下一个"谷某某"。这种行为不仅对被害人造成了极大伤害，也严重恶化了网络生态，扰乱了网络社会公共秩序。

审理谷某某一案的杭州市余杭区人民法院刑事审判庭庭长夏敏诙接受笔者采访时表示，现在的网络诽谤与传统的诽谤行为相比，传统的诽谤行为一般发生在熟人社会，往往发生在个人社交圈内，所侵害的客体主要是特定被害人的名誉权；传播范围也相对可控，诽谤信息不会被大范围扩散，不会给其他无关人员的名誉造成损害。在诽谤犯罪行为未严重危害社会秩序和国家利益时，其侵害的是特定被害人的名誉权，社会危害性相对较小，法律赋予诽谤罪的被害人较大的自主权、处分权。被害人可以自主决定是否提起刑事自诉，以追究被告人的刑事责任；在提起自诉后，随着诉讼程序的推进，仍可根据自己的意思，决定继续行使诉权，要求追究被告人的刑事责任，或者放弃诉权，向法院申请撤诉。

夏敏诙介绍，网络诽谤也有可能发生在熟人社会，但我们审理的谷某某这个案子，是发生在素不相识的人员之间，

夏敏诙庭长

行为人是出于寻求刺激、博取关注等目的，实施了本案的行为，对被害人来说，可以说是"无妄之灾"。而且网络对信息的传播速度和范围具有加持效应，信息一旦上网，就有可能被大范围散布，引发众多网民围观、评论，且大多是负面、低俗评论，这种传播不管是速度还是广度，都会超出可控范围，这种情况下诽谤信息对被害人的伤害，或者说负面的影响、评价已经超出了行为人、被害人可控制、可修复的范围。同时，在网络环境下，被害人自行取证、举证能力不足，或者取证情况与实际传播情况严重不匹配，无法以自诉的形式完全维护自己的权益。最重要的是，从本案情况看，诽谤对象的不特定性，更易引起网络社会中"人人自危"的恐慌感，除严重损害被害人的私权外，对网络公共秩序造成了很大的冲击，犯罪对象选择的随机性，造成了不特定公众恐慌和社会安全感、秩序感下降。所以说，不管是对被害人的私权还是对公共秩序等，网络诽谤的危害性都要远远大于传统诽谤。

诽谤罪典型案例

全国人大代表、广东移动肇庆分公司综合部总经理刘广河表示："目前来看，网络诽谤犯罪增长成因众多，主要包括三个方面。首先，网络社会已经成为绝大多数普通公民日常生活的一部分，截至2020年12月，我国网民已达到近9.9亿。随着微博、抖音等社交平台的兴起，网络技术为网络诽谤提供了便利条件，网络话语权不断下沉，网民'发声'越来越容易，诽谤造谣成本越来越低。"

"其次，网络空间的秩序和安全维护存在一定难度。"刘广河代表说，

自诉转公诉的"庭前幕后":浙江余杭网络诽谤案

网络证据存在无形性、脆弱性、高科技性等特征,诽谤者依靠网络虚拟身份,造成司法实践证据收集困难,使得后续被害人的维权之路变得异常艰难。

"此外,网络诽谤自诉人举证也存在不小的困难。"刘广河代表进一步解释,诽谤罪作为告诉才处理的犯罪,只有达到"严重危害社会秩序和国家利益"的程度,才属于公诉案件。

刘广河代表

目前司法实践中,诽谤罪案件数量较少。笔者在中国裁判文书网上以"诽谤案"为关键字进行搜索,结果显示,涉及诽谤罪的各类法律文书共有700余件,其中自诉案件(414件)、不予受理(136件)、撤回起诉(95件)、公诉案件61件。从案件数量来看,诽谤刑事案件还是以自诉为主,但自诉案件中不予受理占三分之一多,撤回起诉近四分之一,一定程度上说明了诽谤案件自诉立案难、证明难。

刘广河代表认为,这样的结果与诽谤罪本身的性质分不开,同时也是因为对于诽谤罪"严重危害社会秩序和国家利益"的公诉程序要件把握不准,造成司法实践中部分诽谤案件,尤其是网络诽谤案件,没有被作为公诉案件处理。而自诉案件对于自诉人取证、举证责任有一定要求,不借助公权力的介入,自诉人所取证据往往很难达到确实、充分的证明标准。

法官夏敏诙也表示,从查询的情况看,余杭区法院近10年,没有受理过诽谤自诉案件,其间有自诉人提交过材料,但经过工作,也以和解、撤回起诉了结。从了解的情况看,2013年"两高"《网络诽谤解释》出台以来,浙江全省法院受理的诽谤案件也不超过100件。从本案最初提起自诉的情况看,审理网络诽谤自诉案件最大的问题和困难是自诉人取证能力不足,当然,我国刑法第246条第3款规定了法院可以要求公安机关提供协助,在法院最初受理的自诉案件中,也正是根据这一款的规定,给公安机关发了协助函。

那么,什么样的诽谤情形属于自诉或公诉案件呢?

自诉方面,较为典型的有江歌母亲江秋莲诉网民谭斌诽谤案。2016年11月,江歌在日本遇害一案引起网民广泛关注,此案引起的道德与法律、助人与自助的冲突与争论在网上持续发酵。事发后,大多数网民同情江歌及其母亲,也有部分网民无中生有、混淆视听,导致诸如情杀、同性恋等谣言以讹传讹,真相扑朔迷离。其中,网民谭斌因在微博发布与江歌案有关的系列文章及漫画,持续侮辱、诽谤江歌及其母亲,造成恶劣影响。

江秋莲在网上屡次警告谭斌无果后,委托律师以侮辱罪、诽谤罪将其刑事自诉至上海市普陀区法院。普陀区法院经两次开庭审理后作出判决:对谭斌以侮辱罪判处有期徒刑一年,以诽谤罪判处有期徒刑九个月,决定执行有期徒刑一年六个月。一审宣判后,自诉人江秋莲、被告人谭斌双双向上海市第二中级法院提出上诉。

2020年10月27日上午,上海市第二中级法院通过在线庭审平台对该案进行了公开宣判。法院认为,随着自媒体的普及,每个人都拥有自己发声的渠道,信息的发布门槛大幅度降低。但是网络不是法外之地,每位网民都应当尊重权利应有的法律界限,不能侵犯他人的合法权益。如其言行不当,构成犯罪的,应当承担相应的刑事责任。谭斌得知江歌在日本被杀事件后，不仅不表示同情，反而从2018年起通过网络对原本素不相识的江歌及江歌之母江秋莲进行侮辱、诽谤，公然贬低、损害他人人格，破坏他人名誉，情节严重，其行为已构成侮辱罪、诽谤罪，依法应予数罪并罚。最终，上海二中院裁定驳回江秋莲、谭斌的上诉，维持原判。

此外，还有颇受关注的艺人马苏诉黄毅清诽谤案、崔永元诉黄毅清诽谤案，明星艺人告"黑粉"诽谤等，公众人物成为被诽谤群体中维权的"主力"。

当然，不是所有提起自诉的诽谤案都会得到法院的支持。由于证据不足、达不到有罪的证明标准等导致自诉被驳回或者自行撤回起诉的案件较多。

2017年8月21日，郭敬明旗下签约作家李枫在新浪微博发布一条《关于郭敬明，致所有人》的长文，称郭敬明曾对其实施"性骚扰"。郭敬明随后向北京市海淀区法院提起自诉，指控李枫捏造事实，损害其名誉，已构成诽谤罪，请求法院追究其刑事责任。2018年5月14日，一审法院经审理认为，郭敬明指控李枫犯诽谤罪，缺乏罪证，裁定驳回郭敬明对李枫的起诉。郭敬明不服该裁定，上诉至北京市第一中级法院。2018年8月30日，二审法院裁定驳回郭敬明的上诉，维持原裁定。

2012年8月31日，湖南省东安县公安局局长郑某及民警卿某某诉被告人胡某某犯诽谤罪一案，以东安县法院准许自诉人郑某、卿某某撤回起诉而告终。2011年，胡某某开始在新浪等网站上发布《法盲怎么当上公安局长？郑某使用黑恶残忍手段侵害人权》《郑某滥用职权玩忽职守涉黑保黑控告书》等网帖。郑某、卿某某认为，网帖中"郑某等人涉黑护黑、滥用职权、打击报复信访人员"等内容纯属捏造，严重不符合实际，给郑某和卿某某自身、单位和家庭造成了恶劣影响。2011年7月，郑某、卿某某向东安县法院提起刑事自诉，请求以诽谤罪追究胡某某的刑事责任，要求胡某某公开向郑某、卿某某赔礼道歉。东安县法院依法受理此案。2012年4月24日，东安县法院公开审理郑某、卿某某以自诉人的身份状告网民胡某某诽谤一案。法院当庭宣判，被告人胡某某诽谤罪成立，判处有期徒刑二年，并向郑某、卿某某赔礼道歉。胡某某不服，向永州市中级法院提起上诉。2012年8月23日，永州市中级法院作出裁定，因事实不清、证据不足，发回东安县法院重审。在重审期间，自诉人郑某、卿某某以根据本案实际情况及被告人胡某某已认识到自己行为的违法性并向郑某、卿某某道歉，取得了郑某、卿某某的谅解为由，主动向法院提出撤回对被告人胡某某起诉的申请。东安县法院认为，自诉人郑某、卿某某提出撤诉申请，符合有关法律规定，作出准许郑某、卿某某撤诉的裁定。

与自诉对应的则是公诉，诽谤犯罪案件，由检察机关提起公诉的，绝大多数都是公众人物或公众事件。有学者研究称，目前司法实务部门的做法主要有如下五类：第一，将诽谤党和国家领导人的情形，视为"损害国家形象，严重危害国家利益"（依据《网络诽谤解释》规定的情形之五）；第二，将诽谤3人以上的情形，视为"诽谤多人、造成恶劣社会影响"（依据《网络诽谤解释》规定的情形之四）；第三，将诽谤他人导致被害人自杀死亡的情形，视为"造成恶劣社会影响"；第四，将诽谤他人导致社会群体性聚集的情形，视为"造成引起群体性事件、造成公共秩序混乱"（《网络诽谤解释》规定的情形之一、之二）；第五，在将诽谤地方国家机关或企事业单位领导干部，视为影响国家有关部门形象和工作秩序的样本中，多个案例在适用以上规则的同时，还认为损害了"国家部门形象"或

自诉转公诉的"庭前幕后":浙江余杭网络诽谤案

者国家机关与企事业单位"工作秩序"。

具体而言,"伊利被造谣案"、傅某某、"边民"、秦火火、"立二拆四"等网络谣言制造者,都是由检察机关提起公诉后被判刑。

2018年3月26日,一条"伊利股份董事长潘某被带走协助调查"的消息,在各网站和社交媒体上大量传播,让与伊利公司相关的奶农、上下游合作商、企业员工以及资本市场投资者感到恐慌。接到伊利公司和潘某本人书面报案后,呼和浩特公安机关依法开展侦查,以涉嫌寻衅滋事罪、诽谤罪将犯罪嫌疑人邹某某、刘某某抓获。检察机关依法对二人批准逮捕并提起公诉。同年10月24日9时30分,邹某某、刘某某涉嫌犯寻衅滋事罪一案在内蒙古自治区呼和浩特市回民区人民法院第一法庭公开宣判。法院以寻衅滋事罪判处邹某某有期徒刑一年,缓刑一年六个月;以寻衅滋事罪判处刘某某有期徒刑八个月。

2014年11月14日,"中石化'非洲牛郎门'"等谣言制造者傅某某因犯诽谤罪被判刑。检察机关起诉称,被告人傅某某于2010年8月至2013年8月期间,曾编造所谓《"情妇"举报副区长、公安分局局长》帖文发布到网上,还曾精心策划轰动一时的"中石化'非洲牛郎门'"事件。捏造损害被害人徐某、吴某某、马某某等多人名誉的虚假事实等手段,在信息网络上予以散布,从而引发网民累计达数十万次的点击及大量跟帖、负面评论,造成极为恶劣的社会影响。上海市闸北区人民法院对被告人傅某某涉嫌诽谤罪一案公开开庭审理,依法以诽谤罪判处被告人傅某某有期徒刑二年九个月。

2014年7月23日,网名为"边民"的董某某因犯非法经营罪、寻衅滋事罪,一审判处其有期徒刑六年六个月。2011年3月至2013年5月,董某某、侯某通过编造虚假信息、帖文，为他人提供信息网络有偿服务。其中，被告人董某某组织参与作案4起，涉案金额为人民币345000元；被告人侯某参与作案3起，涉案金额为人民币255000元。另查明，被告人董某某为提高知名度，于2011年10月至2013年3月期间，编造"10·5"湄公河中国船员遇害事件的虚假信息在"新浪""腾讯""QQ空间""天涯社区"等网络平台散布，歪曲事实，起哄闹事，引发大量网民围观、转载及传播。云南省昆明市五华区人民法院审理认为，被告人董某某、侯某违反国家规定，以营利为目的，通过发布虚假信息谋利，扰乱市场秩序，其行为构成非法经营罪，且属于情节特别严重。在共同犯罪中，董某某是主犯，侯某是从犯且具有自首情节。被告人董某某在湄公河中国船员遇害事件发生后，编造虚假信息在网络上散布，恶意攻击、诋毁国家机关和政府形象，严重扰乱公共秩序，造成极其恶劣的社会影响，其行为还构成寻衅滋事罪。

2012年12月至2013年8月间，被告人秦某某（网名：秦火火）使用"淮上秦火火""炎黄秦火火""东土秦火火"等新浪微博账户捏造损害杨澜、张海迪、罗援等人名誉的事实，在信息网络上散布，引发大量网民转发和负面评论。2011年8月20日，为了自我炒作、引起网络舆论关注、提升个人知名度，被告人秦某某使用名为"中国秦火火_f92"的微博账户编造、散布虚假信息攻击原铁道部，引发大量网民转发和负面评论。2014年4月，秦某某因犯诽谤罪、寻衅滋事罪被北京市朝阳区人民法院判处有期徒刑三年。

对于普通公民而言，涉嫌侮辱、诽谤罪，由检察机关提起公诉的案件，则少之又少。

"广东人肉搜索第一案"便是鲜少的一例。因怀疑顾客偷了一件衣服，

自诉转公诉的"庭前幕后":浙江余杭网络诽谤案

服装店主在微博上求人肉搜索,致使花季少女跳河自杀。2015年9月5日,广东省汕尾市中级人民法院对号称"广东人肉搜索第一案"的蔡某犯侮辱罪一案进行公开宣判,维持原一审以侮辱罪判处被告人蔡某有期徒刑一年的判决。

2013年12月2日,被告人蔡某因怀疑徐某在其"格仔店"服装店试衣服时偷了一件衣服,于18时许将徐某在该店的视频截图配上"穿花花绿绿衣服的是小偷,求人肉,经常带只博美小狗逛街,麻烦帮忙转发"的字幕后,上传到新浪微博上。人肉偷衣服的微博发出仅一个多小时,迅即展开的人肉搜索就将徐某的个人信息,包括姓名、所在学校、家庭住址和个人照片全部曝光,并且这些信息也被服装店主蔡某用微博发出。一时间,在网络上对徐某的各种批评甚至辱骂开始蔓延,也引起了徐某同校同学和社会上很多人对她的非议。两日后,徐某跳河自杀。同日12时许,徐某的父亲向公安机关报案,称其女儿徐某因被他人在微博上诽谤是小偷,造成恶劣影响而自杀。南堤派出所民警到服装店对蔡某进行盘问,并将其抓获归案。案发后,蔡某的父母与徐某父母达成和解协议书:蔡某一次性赔偿徐某父母12万元。

汕尾市城区法院一审认为,被告人蔡某因怀疑徐某在其经营的服装店试衣服时偷了一件衣服,将该店的视频截图中配上"穿花花绿绿衣服的是小偷"等字幕后,上传到其新浪微博上,公然对他人进行侮辱,致徐某因不堪受辱跳河自杀,情节严重,其行为已构成侮辱罪,应依法惩处。鉴于案发后被告人亲属与被害人亲属达成调解协议,被告人亲属对被害人的亲属赔偿了经济损失,取得被害人家属的谅解,被告人当庭认罪,确有悔罪表现,法院依法给予从轻处罚,以侮辱罪判处被告人蔡某有期徒刑一年。

蔡某不服一审判决，提起上诉，二审维持原判。

浙江余杭网络诽谤案的法治意义

这个案件，社会各界广泛关注，被评为"2020年度十大法律监督案例"。

检察机关提出建议，公安机关立案后，央广微博发布《典型网络诽谤犯罪行为！女子被造谣出轨事件两人被立案侦查》，澎湃新闻刊发评论《女生遭诽谤"自诉"转"公诉"：把刑事保护打上公屏》。1月28日晚，新华社开设《拍案》新媒体专栏，首篇推出《"取快递女子被造谣出轨案"移送检察院，该案为何最高检关注？》报道。报道以"取快递女子被造谣出轨案"入选2020年度十大法律监督案例、目前已移送审查起诉为新闻由头，首次披露检察机关对此案提出检察建议的幕后故事。报道还援引了相关专家对该案的积极正面评价，并在最后评论："一个案例胜过一打文件。一起个人名誉的案件由自诉转公诉，检察机关的积极作为向社会传递'网络空间不是法外之地'的强烈信号。"2月26日，浙江检察机关依法对被告人郎某某、何某某涉嫌诽谤一案提起公诉信息及短视频对外发布，再次引发媒体高度关注，速攀各大热搜榜单前列。人民日报客户端迅速发出《"取快递女子被造谣出轨案"两名被告人涉嫌诽谤被公诉》，阅读量近60万次，官微同步刊发，阅读量突破10万+；新华社播发《拍案|追踪："女子取快递被造谣案"被告人提起公诉》，浏览量破100万次；央视策划《"取快递被造谣出轨案"为何能自诉转公诉》等多期节目，在新闻频道、中文国际频道《共同关注》《新闻直播间》《新闻30分》《24小时》《中国新

自诉转公诉的"庭前幕后":浙江余杭网络诽谤案

闻》栏目进行"刷屏"式报道;《东方时空》栏目结合最高检孙谦副检察长解读网络犯罪案件规定及专家观点制作时长10分钟报道;《光明日报》《中国青年报》《中国妇女报》等主流媒体纷纷报道。当事人谷某某微博回应:"自己的案件很快将得到一个结果,觉得'很幸运',将继续投入工作,开启新的生活。"该案相关话题在各大网络平台持续升温,迅速攀升至微博热搜榜第二名,微博相关话题阅读量近5亿人次,点赞数超12万次。网友高度评价检察落实司法为民职责,为无辜者撑腰、让无力者有力的担当精神。4月30日,该案宣判后,央视12频道播出节目,传达网络空间不是"法外之地"的鲜明导向,让人们从事网络行为时心有所敬,行有所畏。

案件的办理,反映出检察机关领悟、践行习近平法治思想,坚持以人民为中心的理念。检察机关办理的案件多数都是发生在群众身边的案件,看似"小案",实则关乎两个甚至多个家庭,对当事人来说,是"天大的案件",案件办理的效果,更是直接关乎人民群众对公平正义的感受。

所以说,办好群众身边的"小案",就是维护社会和谐稳定,厚植党的执政根基;它体现出检察机关积极适应网络社会发展需要,主动担当作为,积极回应社会关切。网络已融入我们生活的方方面面,用司法规范现实与网络世界是必然要求,该案的成功办理申明了网络不是"法外之地";它表明了检察机关坚持客观公正立场,努力成为中国特色社会主义法律意识和法治进步的引领者。在办理敏感复杂个案时,检察机关注重打击犯罪与保障人权、追求效率与司法公正相统一,强调能向社会传递什么信息,强化司法政策和法治观念的引领。

这个案件的办理,应该说,具有重要的标杆意义,它激活了诽谤罪自诉转公诉的条款,表明了网络时代公权力对公民人格权的保护,体现了对社会法治进步、司法理念变革的引领。

我们知道,与绝大多数犯罪由检察机关提起公诉不同,我国刑法第246条规定的侮辱、诽谤罪,通常不是公诉,而是"告诉的才处理",即由被害人提起刑事自诉。作为与公诉权对称的概念,自诉权是指依法享有起诉权的个人可以直接向法院提起诉讼的权利。

根据刑法规定,以暴力或者其他方法公然侮辱他人或者捏造事实诽谤他人,情节严重的,处三年以下有期徒刑、拘役、管制或者剥夺政治权利。2013年"两高"《网络诽谤解释》也已经明确规定了,捏造损害他人名誉的事实,在信息网络上散布,或者组织、指使人员在信息网络上散布的,将信息网络上涉及他人的原始信息内容篡改为损害他人名誉的事实,在信息网络上散布,或者组织、指使人员在信息网络上散布的,属于"捏造事实诽谤他人"。同一诽谤信息实际被点击、浏览次数达到5000次以上,或者被转发次数达到500次以上的,造成被害人或者其近亲属精神失常、自残、自杀等严重后果的,二年内曾因诽谤受过行政处罚,又诽谤他人的,其他情节严重的情形,属于"情节严重"。

然而,司法实践中,诽谤罪的救济面临诸多困境。尤其此类网络诽谤案件,显然已超出被害人自诉能解决的范畴。"往往一个事件的发生,不论真相如何,很多人都只相信自己看到的,没有人去追究真相,只按照自己本能的想法去批判他人,用自己看到的肮脏面去想象他人,把平时的不满统统发泄出来,随意地敲敲键盘输入几句不以为然的评论或是唾骂。没人会花时间去想发出那些评论的后果如何,因为没有人需要承担责任。"谷某某这样评价网络暴力的加害者。

在中国政法大学国家法律援助研究院院长、教授、博士生导师吴宏耀

吴宏耀教授

看来，如果仅依靠自诉救济，谷某某一案确实存在诸多现实困境。在前期法院立案阶段便已一波三折，历时一个半月才被余杭区法院予以立案，若继续作为自诉案件处理，本案必将涉及需要第三方协助配合进行电子数据取证，以及将案件事实证明到同公诉案件一样的确实、充分的标准等可以预见的取证难和证明难问题。这些现实障碍仅凭被害人个人力量难以克服。试想，如果该案最后因证据不足而被法院裁定无罪，那么，该案判决不仅会对被害人造成难以逆转的双重打击，而且无疑会形成一种"网络诽谤不构成犯罪"的错误社会导向，背离社会公众对"网络并非法外之地"的合理期待。

沈智深副书记

在此种背景下，谷某某一案最终由检察院提出公诉，可谓民法典时代检察机关对公民人格权保护的"升级"。

浙江省委政法委副书记沈智深接受笔者采访时表示，近年来，网络犯罪呈持续上升趋势，已经达到刑事案件总量的近60%。而且网络犯罪具有隐蔽性、复杂性和广泛性，查处难度较大，危害极易叠加升级，对社会公共秩序和群众合法权益的损害不容忽视。浙江省高度重视依法治网工作，将其列入省委法治化改革的重要抓手之一,要求全面推进依法管网、依法办网、依法上网。该案的依法办理,一方面,有力释放了浙江省依法打击涉网违法犯罪的强烈信号,表明了"网络并非法外之地"的坚决态度,有效促进了网络空间的净化和网络环境的治理。另一方面,政法机关主动作为,积极贴合网络生活实际,创新性地适用法律,以公权力为网络行为立下"规矩",有力回应了人民群众在网络社会的法律保护需求,大大增强了人民群众的获得感、幸福感和安全感,体现了较强的法治自觉和法治担当。

中国刑事诉讼法学研究会顾问,中国政法大学诉讼法学研究院名誉院长、教授、博士生导师樊崇义提出,在当前网络暴力日益严重的形势下,本案启动公诉程序追究刑事责任,对全社会具有积极、正向的标杆作用。它既向全社会传达了网络空间不是"法外之地",彰显了政法机关依法惩治网络乱象、维护互联网安全、保护人民合法权益的坚定决心。

樊崇义教授

全国人大代表、北京金诚同达律师事务所高级合伙人、北京金诚同达(西安)律师事务所主任方燕也表示,该案体现了司法机关维护公民合法权益、践行民法典人格权保

方燕代表

自诉转公诉的"庭前幕后":浙江余杭网络诽谤案

护的主动作为,向全社会传达网络空间不是"法外之地"的信号导向,对网络不法行为形成强大震慑力,充分彰显检察机关在促进公正司法道路上的主动作为以及促进法治建设和社会诚信建设的司法理念。运用标志性案件实现良法善治,是办理网络时代诽谤类案件的最新司法动向,在新时代法治现代化背景下具有重大意义。

"该案是检察机关积极推动人格权保护的范例,是民法典时代国家司法机关、公安机关在维护网络诽谤案被害人合法权益上的一种积极姿态。"全国人大代表、广西科学院合作发展处副处长邓大玉对该案尤为关注。

邓大玉代表

余杭区检察院检察长陈娟表示,该案的办理至少具有以下三方面的意义:一是凸显了民法典时代检察机关对公民人格权的重视和保护,真正体现了以人民为中心的司法理念;二是彰显了检察机关打击网络谣言的决心和力量,向全社会传递出"网络空间不是法外之地"的强烈信号;三是维护了网络空间的社会公共秩序,使人民群众在享受网络生活便利的同时也能更有安全感、幸福感。

法官夏敏诙也表示,从多个角度来看,该案具有重要法治意义。从被害人角度看,被害人在发现自己被他人诽谤后,第一时间向公安机关报案,并通过公证方式固定证据,

陈娟检察长

在自行收集证据达到一定程度后,按法律规定提起自诉,依法维权意识非常好,也非常有效,同时也反映了在当前的法治环境下,公众法治意识的树立和维权渠道的畅通,都是一个非常良好的状态。从行为人的角度看,第一,从最终审理查明的情况看,他们的行为首先严重侵害了谷某某的人格权,影响其正常工作生活,使其遭受一定经济损失,社会评价也受到一定贬损,属于捏造事实通过信息网络诽谤他人且情节严重,符合刑法第246条第1款的规定,构成诽谤罪;第二,二人对象选择的随机性,造成不特定公众恐慌和社会安全感、秩序感下降,而经公安机关立案侦查后所收集的证据看,诽谤信息在网络上大范围流传,引发大量淫秽、低俗评论,虽经公安机关辟谣,仍对网络公共秩序造成很大冲击,严重危害社会秩序,符合刑法第246条第2款的规定,属于"告诉才处理"的除外情形。从本案处理情况看,本案最终经公安机关立案侦查、检察机关提起公诉,法院判决,也有一定的宣示作用。互联网已经融入到生活的每一个角落,在给公众带来便利的同时,对信息传播的速度和范围起了加持作用。网络不是法外之地,通过网络实施的侵犯人格权违法犯罪行为,不仅严重伤害了特定的行为对象,更伤害了网络环境下公众的安全感、信任感、秩序感,恶化了网络生态,在网络社会中,对行为的规范性应该有更高的要求。

在中国政法大学副教授、国家法律援助研究院学术部主任孙道萃看来,备受关注的杭州郎某某、何某某诽谤一案,绝非当前治理网络诽谤犯罪案件陷入诸多困境下的一个

孙道萃副教授

自诉转公诉的"庭前幕后":浙江余杭网络诽谤案

特例情形。在行政处罚不足以有效保障公民的网络名誉权益以及刑法介入面临诸多困难的情况下,自诉得以立案,尤其是由自诉转为公诉,是网络时代刑法适度扩张适用的正确之举,不仅反映了检察机关、公安机关恪守客观公正之立场,也体现了检察机关积极行使法律监督职能。但是,更值得注意的是,在网络犯罪时代,检察机关如何更加有效作为。

苗生明厅长

对于该案,最高检第一检察厅厅长苗生明表示,我国刑法规定的诽谤罪属于自诉案件,要求被害人告诉的才处理,但同时也规定,严重危害社会秩序和国家利益的,由检察机关提起公诉。显然,这一案件已超出了被害人自诉能解决的范畴。本案在行为方式上区别于传统的诽谤,在社区、村镇张贴大字报,邻居、亲友间口口相传等,影响范围是局部的,本案通过网络方式无限放大传播范围,造成不可控的影响,视频、图文方式更增加了诽谤信息的"可信度",对被害人造成更大伤害;在行为对象上具有不特定性,本案犯罪嫌疑人与被害人素不相识,仅仅出于博眼球、炫耀目的,肆意编造诽谤信息。这种情况下,每个人都可能成为下个被害人,给公众造成不安全感,严重恶化网络生态,扰乱网络社会公共秩序;对网络诽谤通过公诉程序有利于及时收集、固定证据。被害人收集遭受网络诽谤的证据难度较大,达到事实清楚,证据确实、充分的证明标准难度更大。所以,启动公诉程序追诉合法,且有必要。

苗生明厅长说,在新时代,人民群众开始关注更高层次的需求,不仅希望人身权、财产权不受侵犯，而且期待个人尊严、情感得到更多尊重，人格权得到更有效保护。《民法典》加强了人格权立法，强化了对人格的全面保护，以让人民生活更有尊严。《刑法修正案（十一）》也将侮辱、诽谤英雄烈士的行为明确规定为犯罪。这都体现了国家对私权的尊重、保护。

对这个案件由国家追诉，是司法机关主动作为，积极回应社会关切的体现。通过这个标志性案件的处理，提示每个人要对自己的言行负责，遵守社会公德、遵纪守法，发挥司法引领、示范、规范作用。

苗生明厅长还表示，司法实践中，自诉转公诉的案件并不常见，是否要作为公诉案件追诉，检察机关要根据案件的事实、证据和法律规定依法办理。我们国家追诉犯罪的模式采取公诉为主、自诉为辅的方式。原因在于：犯罪不是对被害人个人利益的侵害，更是对国家秩序和整体社会利益的侵害，"一切犯罪，包括对私人的犯罪都是在侵害社会"，所以，对犯罪要由国家为主进行追诉。但对部分犯罪，如诽谤罪、暴力干涉婚姻自由罪、虐待罪等，则赋予公民诉权。因为这些犯罪情节较轻，主要发生在熟人、亲属间，以后可能还要生活在一起，如果国家不考虑具体情况强力介入，反而可能不利于家庭关系的处理，所以，对此类案件，国家尊重被害人的意愿。但是，如果被害人没有自诉能力，或者情节较重，或者严重危害社会秩序和国家利益，诉权则由国家行使。而是否属于"严重危害社会秩序和国家利益"是一种事实判断，判断标准包括犯罪手段、方式、对象、内容和主观目的等，需要综合全案的事实、性质、情节和危害程度来评判。判断的主体是司法机关，检察机关自然责无旁贷，这是其国家公诉的执行者的角色定位所决定的。就如郎某某、何某某以网络方式诽谤，传播范围广、诽谤对象随机、内容不堪、动机卑劣，对被害人危害大、影响

自诉转公诉的"庭前幕后":浙江余杭网络诽谤案

难消除,占用了网络公共资源,扰乱了网络公共秩序,认定为"严重危害社会秩序和国家利益"是合法、适当的,也是有必要的。

"与通过一系列个案持续激活正当防卫条款一样,该案还激活了相关自诉和公诉程序衔接的条款,使得刑法第246条的立法本意得以实现,真正为人民服务,真正成为人民群众在每一个司法案件中感受到公平正义的重要保障。"樊崇义教授说。当然,该案也为法学理论界和司法实务界开启了新的研究领域,即自诉与公诉程序的衔接,这在当前国家治理现代化背景下,具有重大意义。

同时,樊崇义教授建议,在立法上应当对自诉转公诉程序的衔接和处理作出明确规定,构建符合实际的自诉与公诉程序衔接机制,为此类案件的正确处理提供依据。本案为检察机关关于自诉转化为公诉案件的法律监督提供了一个范例。

网络空间的法治治理建议

近年来,检察机关办理网络犯罪案件以年均近40%的速度攀升,2020年达到54%。在对网络犯罪依法惩治力度持续加大、精准打击的同时,"法网"也越织越密。最高检单独或者会同最高人民法院、公安部等联合制定20余个司法解释、规范性文件,明确要求对严重危害社会秩序的网络犯罪行为,从严从重打击,取得良好效果。同时,通过办案积极促进网络秩序和社会治理完善。2020年11月,最高检向工业和信息化部发出检察建议书,同时抄送中央网信办、公安部,围绕网络黑灰产业链条整治、App违法违规收集个人信息、未成年人网络保护等问题提出治理建议。最高检还通过制发办理网络犯罪指导性案例和典型案例，切实加大业务工作指导力度，确保办案"三个效果"有机统一。

对网络空间如何有效治理，全国人大代表也纷纷建言献策。邓大玉代表表示，网络暴力目前已严重影响了网络空间的秩序，应当通过法律规范，加大对网络诽谤行为的打击力度，降低被害人的维权成本，维护网络社会秩序。

如何破解这一现实难题？邓大玉代表建议，应当通过立法、司法解释等，加大网络诽谤的民事、行政、刑事责任，完善打击网络诽谤行为的法律体系，加大打击力度。一方面，完善网络诽谤的相关司法解释。目前，网络环境已发生了重大改变，2013年的相关司法解释在行为特征、转发条数的立案标准等，均存在与社会不相适应的情况。应当根据目前微信公众号、微博等主流社交平台的信息发布模式，设置新的规范准则，尤其是立案标准以及作为公诉案件处理的标准，使法律规范更加适应当今社会的发展变化，同时也能为司法工作人员明确诽谤罪的公诉界限，维护自诉程序的独立价值，在公共利益与被害人的隐私和个人意愿中取得平衡。另一方面，通过案例发布统一司法规范。"两高"可以通过发布指导性案例、典型案例等模式，公布一批对网络诽谤行为进行打击的案例，通过对刑事诽谤犯罪、民事诽谤侵权行为等相关案例的发布，显示国家机关整治网络空间的决心、对于侵犯公民人格权行为的零容忍，也向公众进行释法、普法，引导公民自觉遵守网络空间行为规范。

"随着微博等社交平台的兴起，网络话语权不断下沉，网民'发声'越来越容易的同时，也给网络暴力创造了便利的条件。"全国人大代表、广西广投能源有限公司来宾电厂原电气二次检修工廖爱莲表示，在自媒体

自诉转公诉的"庭前幕后":浙江余杭网络诽谤案

廖爱莲代表

时代,"流量"至上的利益驱动,更是鼓动了想要吸引眼球、博得"流量"的造谣者。利用网络进行侮辱、诽谤等侵犯公民人格权的行为,对于受害者本人及整个网络社会秩序皆具有极强的杀伤力和破坏力,但由于行为成本低、维权难度大、社会容忍度高等负面因素,使得这类行为日益猖獗。

廖爱莲代表提出建议,应通过立法明确其他社会主体的责任。明确网络平台、广告主体以及相应的监督主管部门等各网络主体的责任。明确网络平台的管理责任,加大实名制管理,设置平台对于配合公民维权取证的义务,加大对于管理不力甚至为了追求平台"流量"而放任、故意引导网络诽谤行为的惩处力度;加大对于"流量"至上的广告投放方式的规范和引导,通过增加罚款等手段,提升"营销号"的诽谤成本;加大对于网络诽谤行为的监督力度,提升网络监管的技术手段,同时对于网络诽谤行为的相关责任以及维权手段进行普法宣传,让公民意识到网络空间并非法外之地。

朱永新委员则建议,一方面,立法机关应当主动作为,对网络暴力内涵予以法律界定,并根据实际及时制定和更新民事赔偿和刑事惩戒等方面的司法解释,弥补法律滞后性的不足。另一方面,继续完善网络电子证据规则。健全的电子证据制度将是网络暴力追查和问责必不可少的助力,对证据制度的补充起到不可替代的积极作用。

"在加强对网络暴力监管上,不仅要继续落实网络实名制,同时健全完善个人信息保护机制,还要加强对网络平台的监管,加强对网络用户发布信息进行审校和管理,强化针对平台和个人的惩罚机制建设。"朱永新委员说。

在朱永新委员看来,有一点值得注意,针对网络诽谤等网络侵权案件设定特殊诉讼规则,完善自诉转公诉的衔接机制,便于受害者维权。对涉及公共利益的自诉案件,检察机关可以主动作为,行使公诉权,形成对此类犯罪的震慑。

朱永新委员还表示,在构建网络法律道德规范上,要不断加强普法宣传教育,强化公民对"网络不是法外之地"的理解;推进媒介素养教育普及,提高公民对网络信息内容和非正常舆论引导的辨别能力;教育主管部门利用好青少年成长期对社会认知的时间窗,通过多种手段加强青少年的网络社交礼仪与是非甄别教育,引导青少年用户文明科学上网。

诽谤罪之自诉转公诉程序衔接
——评杭州郎某某、何某某涉嫌诽谤犯罪案*

樊崇义**

观点摘要：诽谤罪案件，在被害人提起自诉且法院已立案的情况下，检察机关认为确有严重危害社会秩序和国家利益的情形，可以提起公诉。实践中的操作，应为被害人撤回自诉，检察机关再针对同一诉因提起公诉。

一、已有自诉的情况下，是否可以启动公诉程序追究刑事责任

当被害人提起自诉且法院已立案的情况下，再启动公诉程序，从法律规定、理论以及实践上，并无适用障碍。

（一）从法律规定看

根据刑法第246条第2款规定，侮辱、诽谤罪，告诉才处理，但严重

---

* 本文摘自《检察日报》2020年12月28日第3版。

** 樊崇义，中国刑事诉讼法学研究会顾问，中国政法大学诉讼法学研究院名誉院长、教授、博士生导师。

危害社会秩序和国家利益的除外。"两高"《网络诽谤解释》第3条对何谓"严重危害社会秩序和国家利益"作出了具体阐释。具体到本案，相关视频在网络上传播、发酵，使得案件情势发生了变化，郎某某、何某某的行为不仅损害被害人人格权，而且视频经网络得以迅速传播，严重扰乱网络社会公共秩序，给广大公众造成不安全感，属于严重危害社会秩序的行为。因此，以公诉程序追究刑事责任符合法律的规定。

（二）从理论层面看

先有自诉，后有公诉，并不违背"一事不再理"原则。"一事不再理"或者"禁止双重危险"原则针对的是性质相同的两个"诉"，而本案，自诉和公诉虽为同一诉因，但两者性质不同：自诉本质上是平等主体之间的诉讼，被告人可以反诉；公诉是代表国家启动追诉犯罪程序，是为了更好地维护社会公共利益。随着公诉程序的启动和推进，自诉会被公诉吸收或者合一。

（三）从实践层面看

诽谤罪的自诉效果并不理想。此类犯罪特别是网络诽谤行为，以自诉救济面临现实"三难"。一是取证难。诽谤罪属于结果犯，由被害人就犯罪过程和犯罪结果进行取证，就个体而言，技术上很难达成。二是举证难。本案被害人需要就微信群中传播的视频源是谁、视频源微信号的主体身份、视频点击量、是否达到刑事立案标准、该视频的转发量等问题进行举证，而此类电子证据只能由微信服务提供商协助调查，被害人个体在无公权力机关的协助和配合的情况下几乎不可能完成。三是证明难。刑事诉讼法规定，自诉案件的证明标准同公诉案件一样，要达到确实、充分的标准，对被告人的主观要件，被害人根本无法完成举证，法院也往往以此不予立案或判决被告人无罪。以上"三难"直接影响了自诉案件的效果。而转为公诉程序后，由代表国家的公权力机关进行侦查取证，力度与手段，均非个体一己之力可比，其处理效果自然也非自诉案件所能达。对比自诉和公诉，以公诉程序查处此类严重网络诽谤案件，更贴合"努力让人民群众在每一起司法案件中感受到公平正义"的要求。

（四）从比较法角度看

一些大陆法系国家对自诉转公诉程序专门作出规定，如德国刑事诉讼法第377条第2款规定，对于被害人提起诉讼的案件，只要检察机关认为符合公共利益时就有权力且有义务接管案件，使其转换为公诉案件。由检察机关裁量判断何谓符合公共利益。因此，大部分自诉案件有可能通过转换程序而转为公诉案件。这一规定值得我们借鉴。

二、自诉如何转公诉，程序如何衔接

本案针对同一"诉因"，并存两个"诉"。理论上讲，自诉应被公诉吸收，但实践中如何操作，法律或者司法解释并未作出规定，实践中也尚无先例可循。考察刑事诉讼法和相关司法解释规定，处理方式有四种：一是被害人撤回起诉。最高法《关于适用〈中华人民共和国刑事诉讼法〉的解释》（以下简称《解释》）第263条第2款规定，具有下列情形之一的，应当说服自诉人撤回起诉；自诉人不撤回起诉的，裁定不予受理：（1）不属于本解释第1条规定的案件的；（2）缺乏罪证的；（3）犯罪已过追诉时效期限的；（4）被告人死亡的；（5）被告人下落不明的；（6）除因证据不足而撤诉的以外，自诉人撤诉后，就同一事实又告诉的；（7）经人民法院调解结案后，自诉人反悔，就同一事实再行告诉的。①第264条②规定：对已经立案，经审查缺乏罪证的自诉案件，自诉人提不出补充证据的，人民法院应当说服其撤回起诉或者裁定驳回起诉；自诉人撤回起诉或者被驳回起诉后，又提出了新的足以证明被告人有罪的证据，再次提起自诉的，人民法院应当受理。因此，从该两条规定看，被害人可以并仅可以证据不足为由撤回起诉，如此自诉随之终止，公诉继续进行，同时也为被害人保有了理论上可能再次自诉的权利，即未来如果检察机关没有提起公诉，那么可以再提起自诉。需要说明的是，被害人以证据不足撤回起诉，是指自诉人手中的证据不足，其并不影响之后检察机关提起公诉。二是法院裁定驳回起诉。依据《解释》第264条，法院经审查后可以证据不足驳回起诉。三是合并审理。将自诉和公诉合并审理，法律没有明确规定。《解释》第267条③规定，被告人实施两个以上犯罪行为，分别属于公诉案件和自诉案件，人民法院可以一并审理。当然该条针对的是被告人两个不同行为，对同一犯罪行为的两个不同性质的诉是否可以合并，本案是否可适用此种处理方法有待商榷。四是法院直接裁定终止审理。虽然从法律和司法解释规定看，自诉案件终止审理前提是被害人撤回起诉，但是在类似本案情形下，自诉后启动公诉程序的，是否可以由法院直接裁定终止审理，值得探讨。这种做法好处在于如果在自诉和公诉并存情况下，由法院直接裁定终止自诉程序，那么公安机关侦查终结移送审查起诉后，如果人民检察院没有提

---

① 该《解释》于2021年3月1日被废止，新颁布的《解释》将本内容规定在第320条第2款，并增加第8项和第9项两项内容。——编者注
② 新颁布的《解释》将本内容规定在第321条。——编者注
③ 新颁布的《解释》将本内容规定在第324条。——编者注

起公诉，自诉人仍然享有自诉权（此前并非撤回自诉），可以继续向法院提起自诉。从以上四种处理方式看，笔者认为，就本案的处理看，第一种即由被害人撤回起诉，更符合本案的实际和诉讼经济原则，在法律上也有据可循。

三、本案启示

在当前网络暴力日益严重的形势下，本案启动公诉程序追究刑事责任，对全社会具有积极、正向的标杆作用，彰显了政法机关依法惩治网络乱象、维护互联网安全、保护人民合法权益的坚定决心；同时，与通过一系列个案持续激活正当防卫条款一样，它激活了相关自诉和公诉程序衔接的条款，使得刑法第246条的立法本意得以实现，真正成为人民群众在每一个司法案件中感受到公平正义的重要保障。该案也为法学理论界和司法实务界开启了新的研究领域。笔者建议，在立法上应当对自诉转公诉程序的衔接和处理作出明确规定，构建符合实际的自诉与公诉程序衔接机制，为此类案件的正确处理提供依据。本案为检察机关关于自诉转为公诉案件的法律监督提供了一个范例。

依法惩处网络诽谤强化公民私权和公共利益保护[*]

刘仁文[**]

观点摘要:网络并非不法之地,杭州郎某某、何某某诽谤案,其后果已属于严重危害社会秩序的情形,以公诉程序追诉于法有据,且公权力机关收集、固定证据,更有利于网络犯罪的打击和追诉。本案由自诉案件转为公诉案件,彰显了网络时代司法对社会行为的引领和示范作用,也体现了司法机关积极回应社会的主动作为和担当。

一、本案以公诉程序追诉有刑法依据

我国刑法第246条规定了诽谤罪,即捏造事实诽谤他人,情节严重的行为,并对诽谤罪的诉权进行了划分,一般情况下,告诉的才处理,但是严重危害社会秩序和国家利益的除外。"两高"《网络诽谤解释》规定了

---

[*] 本文摘自《检察日报》2020年12月28日第3版。
[**] 刘仁文,中国社会科学院法学研究所刑法研究室主任、研究员、博士生导师。

自诉转公诉的"庭前幕后":浙江余杭网络诽谤案

"情节严重"及"严重危害社会秩序和国家利益"的情形。本案是否属于"情节严重"关涉能否构成犯罪;是否属于"严重危害社会秩序和国家利益"关涉能否纳入公诉范围。本案中,诽谤谷女士的微信阅读量一个月就达到1万。谷女士自诉后,仅微博、热搜上网民阅读数就分别达到4.1亿次和8100万次,符合同一诽谤信息点击、浏览次数的"情节严重"标准。谷女士因诽谤信息失去工作,精神抑郁,造成"社会性死亡",严重影响了被害人的工作、生活,也可以解释为"其他情节严重的情形"。与传统诽谤罪口口相传的行为方式不同,通过网络方式无限放大传播范围,造成不可控的影响,视频、图文方式更增加了诽谤信息的"可信度",对被害人造成更大伤害;在行为对象上,区别于犯罪嫌疑人因与被害人有矛盾而编造诽谤信息损害被害人声誉的情况,郎某某、何某某与谷女士素不相识,仅仅出于博眼球、炫耀等目的,肆意编造诽谤信息,这在客观上让人不寒而栗,每个人都可能成为下一个"谷女士"。这种行为不仅对被害人造成了极大伤害,也严重恶化了网络生态,扰乱了网络社会公共秩序。随着网络社会的高度发达和对公民个人生活的全面覆盖,把传统意义上的线下社会秩序扩大到线上,已经被普遍认可和接受。从刑事立法和刑事司法为社会和公众提供行为规范的引导来看,把这种行为解释为"严重危害社会秩序"纳入公诉范围,有其积极意义和效果。

二、本案适用公诉程序有利于及时收集、固定证据

网络犯罪的证据收集、固定难度较大,对公民个人而言难度更甚。本案中,如果由被害人收集、提供诽谤信息的点击、浏览次数或者转发次数,或者犯罪嫌疑人的行政处罚等前科情况,以证明"情节严重",难度

很大，甚至无法实现，要达到"事实清楚，证据确实、充分"更是难上加难。有数据显示，自诉的网络诽谤案件因为证据原因撤回起诉或者被驳回起诉的所占比例不小。有鉴于此，2015年《刑法修正案（九）》增设规定，犯罪嫌疑人通过信息网络实施的诽谤行为，被害人向人民法院告诉，但提供证据确有困难的，人民法院可以要求公安机关提供协助。根据刑事诉讼法规定，自诉人要申请人民法院调取证据，应当说明理由，提供相关线索或者材料，最终还需人民法院审查认为有必要。可见，此种网络犯罪由公安机关立案侦查，更有利于及时收集、固定证据，以查清事实，依法惩处犯罪，保护被害人权益和公共利益。

三、运用标志性案件实现良法善治

本案由自诉案件转为公诉案件，彰显了网络时代背景下司法对社会行为的引领和示范作用，警醒每个人都要对自己的网络言行负责；再次重申网络不是"法外之地"，体现了司法机关积极回应社会的主动作为和担当。尽管最后结果是有罪还是无罪需要人民法院依法裁判，但针对网络时代社会上层出不穷的新的失范现象，公安、司法机关发挥应有的能动作用，也符合中央对公权力部门"法无授权不可为，法定职责必须为"的要求。

四、本案及后续问题处理的建议

首先，贯彻落实宽严相济的刑事政策。本案重在对犯罪嫌疑人和社会发出警示，从行为性质上对其作出否定性评价，但毕竟要考虑到即使是公安、司法机关，也存在一个不断提高认识、统一认识的过程，因此应用好刑事和解、认罪认罚从宽等制度，在法定范围内尽量作出从宽处理，包括对犯罪嫌疑人实行审前取保候审，这也符合降低审前羁押率的总体改革方向。其次，以本案为契机，积极探索行刑协调机制、检察机关对公安机关的引导机制。本案如果最后法院要定罪处罚，建议将之前的行政拘留折抵刑期；与此同时，今后遇到此类容易引发舆情的案件，公安机关与检察机关应及时沟通，加强研判，防止案件持续发酵。最后，深入研究刑事立法与刑事司法的互动关系、刑法与刑事诉讼法的互动关系、司法与民意的互动关系、自诉与公诉的互动关系，抓紧出台指导性案例，推动相关司法解释的制定，使办案机关、特定行为人和社会公众对行为后果的可预期性有更清晰、更准确的判断，从而实现更高层次的良法善治。

杭州诽谤案能转为公诉吗?*

车 浩**

观点摘要:杭州诽谤案远超出传统普通诽谤案的危害范畴,公众在人格权和隐私权方面的安全感下降,对平安中国的社会治理而言,已然构成典型的"严重危害社会秩序和国家利益"。只有遵循规则应对个案,才是有德行的法治而非德治。司法机关实现政治担当的首要职能和方式,就是在法治轨道中按照规则处理个案。规则是普遍适用的,不能一案一议。坚持按照一般性规则办案,但对于法律规则的理解和适用,是朝着有利于让普通老百姓感受到公平正义的方向,这才是有德行的法治。

一、为什么诽谤案原则上自诉

刑法第246条规定的侮辱罪和诽谤罪,是"告诉的才处理",即由被害人提起刑事自诉。诽谤罪、侮辱罪等自诉罪名,之所以在程序上交予被害

---

* 本文摘自微信公众号《中国法律评论》2020年12月28日。
** 车浩,北京大学法学院教授、副院长,教育部长江学者特聘教授。

人自我处分，是因为在实体层面：（1）此类犯罪大多发生在熟人社会中，因果纠缠不清，难以断明是非曲直；（2）法益侵害性具有较明显的个人主观判断的色彩；（3）通常指向特定关系中的特定个体，不具有溢出效应和扩散风险，不会危害到社会秩序或国家利益。因此，交予个人自我决定是否起诉即可，不具有使用国家司法资源一律启动公诉的合理性和必要性。这就是诽谤罪等在原则上适用自诉的法理基础。

二、"严重危害社会秩序和国家利益"的公诉原理与判断规则

诽谤罪在原则上由被害人自诉的三点理由，同样，也是判断一个诽谤案件是否超出了被害人自诉边界，进入到公诉管辖区的参考标准。以杭州郎某某、何某某诽谤案为例，可以很清楚地看出这一点。

第一，在这起案件中，被害人谷某某与郎某某、何某某之间没有任何特定关系，不存在任何熟人社会中的因果纠缠，而是陌生人社会中素不相识的个体。郎某某、何某某对谷某某的名誉侵害，不能找出任何事出有因的恩怨纠葛，而就是一个完全独立的无端事件。对此的判断和取证，均不存在任何困难。

第二，被害人谷某某被偷拍后又被编排成荡妇出轨，造谣信息在网络上扩散，被动卷入到一场"社会性死亡"中，不仅正常生活出现极大震荡，也被诊断有"抑郁状态"。从谷某某的遭遇以及提起自诉来看，她本人显然认为自己的名誉遭受了巨大贬损，内在的（主观的）名誉情感难以接受。同时，从社会公众和媒体舆论的反映来看，几乎是众口一词地谴责和声讨郎某某、何某某，都高度地同情无端受害的谷某某，普遍认可谷某某的外部的（客观的）社会名誉遭受损害。即使诉诸规范的名誉概念，谷

某某在这起案件中的人格尊严完全没有得到尊重，而是成为物化和消费的工具。因此，无论从主观、客观还是规范等各个角度和层面来理解名誉，本案中的法益损害都是确定无疑的。

第三，本案的犯罪对象具有不特定性，诽谤行为针对的是毫无关系和因果纠葛的陌生人，这意味着社会中的每一个公民，都可能成为潜在的侵害目标。而针对不特定个体的威胁，就是对由无数个体组成的社会秩序的威胁。由此产生的溢出效应和扩散风险是，公众在人格权和隐私权方面的安全感下降，因为会感觉到"被偷拍、被诽谤"是防不胜防的，这种恐慌情绪甚至可能引发社交自由萎缩。对平安中国的社会治理而言，已经构成典型的"严重危害社会秩序和国家利益"。

原则上自诉的诽谤罪，为什么可以例外地启动公诉？2013年"两高"《网络诽谤解释》第3条规定的"严重危害社会秩序和国家利益"的六种情形，共同特征是描述诽谤行为已经对社会秩序和国家利益造成的严重后果。需要注意的是，造成这些严重后果的诽谤行为本身，可能并不具有危害社会秩序的性质，只是发生在熟人社会中针对特定个体的诽谤行为，但也可能因为引发危害社会秩序的严重后果，就进入了公诉领域。除此之外，按照本文观点，当诽谤行为本身具备"严重危害社会秩序和国家利益"的性质时，也应当成为公诉的对象。

总结来说，这种危害社会秩序的诽谤行为的性质，表现为行为指向不特定个体，名誉受损的风险由此溢出到由无数不特定个体组成的社会中，使得社会公众在名誉安全感方面人人自危，造成公众的恐慌和安全感下降。此时，侵害对象已经超出了被害人个人法益的边界，上升为对社会秩序的严重冲击，当然也就不能够再由被害人自我决定行使或放弃诉权。以诽谤罪追诉行为人，成为检察机关应当履行的责任，进而实现有效的一般预防，保护所有公民的名誉权不受威胁和社会秩序的稳定。

三、遵循规则应对个案，才是有德行的法治而非德治

今天是谷某某遭受恶意偷拍和无端诽谤，成为无所忌惮地发泄消遣的工具，明天可能就是每一个不特定的你我，成为网络暴力中下一个社会性死亡者。对此，司法机关及时启动公诉程序，激活了以往常年沉睡的诽谤罪公诉条款，表明了司法者的担当，这是值得充分肯定的。

不仅是担当，从法律适用的专业角度来看，本案也具备公诉的法定条件，是刑法第246条规定的题中之义，是需要努力倾听和发掘的、内在于法律文字之中的法理。就此而言，是否在网络上传播以及是否回应民法典人格权保护，并不是本案作出公诉决定的必要条件。当然，作为一起经由网络迅速传播的案件，更容易引发网络舆情，超出传统的社区传播的影响范围，使得社会危害性成倍扩大，无疑是加速推动了本案由自诉转为公诉的进程。

只有遵循规则应对个案，才是有德行的法治而非德治。不能把本案由自诉转为公诉，简单化地理解为一旦出现了民情激愤的影响力案件，司法机关就急于要给公众一个顺应民意的交代。应当看到的是，在这个过程中，司法机关实现政治担当的首要职能和方式，就是在法治的轨道中按照规则去处理个案。

规则是普遍适用的，不能一案一议。坚持按照一般性规则办案，但对于法律规则的理解和适用，是朝着有利于让普通老百姓感受到公平正义的方向，这才是有德行的法治。希望杭州诽谤案，能够成为一个在这个方面有指导意义的典型案例。

论公诉与自诉的关系*

熊秋红**

观点摘要：我国现行刑事诉讼法中的公诉与自诉关系存在诸多问题，需要予以重构。完善我国公诉与自诉关系的基本思路包括：被害人的诉权可以通过多种方式实现，应当牢固树立国家追诉主义的理念，可以考虑限制乃至废除自诉，应当处理好实体法与程序法的关系，以及应当做好自诉与公诉之间的衔接。

一、公诉与自诉关系的历史变迁

先有私人追诉，后有国家追诉。私人追诉逐渐为国家追诉取代的主要原因：一是人们对犯罪行为性质的认识发生变化；二是强大的国家追诉犯罪更有利于打击犯罪，也有利于保护被告人和被害人合法权益；三是国家追诉带有强制性、统一性、公正性等特点，能够更为有效也更为公正地追

---

* 本文摘自《中国刑事法杂志》2021年第1期。
** 熊秋红，中国政法大学诉讼法学研究院教授。

诉犯罪，更利于国家和社会的发展。

由于法律文化传统、诉讼模式等方面的差异，刑事起诉方式呈现出多种形态：一是检察官起诉专权主义，如日本、法国；二是以检察官起诉为主兼采大陪审团起诉；三是以检察官起诉为主兼采被害人自诉，如德国、我国台湾地区；四是以私人起诉原则为基础的多主体起诉，如英国。

从刑事起诉方式的历史发展可以看出，起诉方式有私人追诉主义与国家追诉主义之别。国家追诉主义是指由国家所设机关代表国家追诉犯罪，又称职权追诉主义；私人追诉主义是指追诉犯罪之权由私人操控，追诉与否，由私人决定。私人追诉主义又可分为公众追诉主义和狭义私人追诉主义。我国刑事诉讼中的自诉基本上属于后一种含义。

二、公诉与自诉关系在中国的历史发展

中国古代的起诉实际上是司法机关开始审理案件的缘由或依据。中国古代存在多种起诉方式：被害人告诉、一般人告诉、犯罪人自首、官吏举发、审判机关纠问。中国近代以来的刑事起诉方式，在实行国家追诉主义的同时，兼采被害人追诉主义。新中国成立之后，借鉴苏联的刑事诉讼制度，在起诉方式上采取以检察官起诉为主、兼采被害人追诉主义。我国台湾地区，原则上，不问何种犯罪，均得提起自诉；同一案件经检察官开始侦查者，不得再行自诉；但告诉乃论之罪经犯罪之直接受害人提起自诉者，不在此限。

我国古代的刑事起诉方式处于一种杂糅的状态，既有私人追诉主义，包括公众追诉和被害人追诉，也有国家追诉主义。近代的刑事起诉方式起

初采取国家追诉主义为主、私人追诉主义为辅，但后来极大地扩张了自诉的范围，导致自诉不再是公诉的一种补充方式，而是与公诉并列的一种起诉方式。新中国成立后所采取的刑事起诉方式则可概括为"以公诉为主、以自诉为辅"。

三、公诉与自诉关系的理论争议

（一）公诉与自诉关系的理论基础

关于刑事起诉方式的理论基础，存在着认识上的分歧，大体可以分为三种观点：被害人自诉权固有论、国家公诉权让渡论、公诉权与自诉权合理分配论。

采取公诉权与自诉权合理分配论，能够兼容刑事起诉方式的多元样态。国家专门机关有时并不能完全代表被害人的利益。在某些情况下，将追诉犯罪的权利交由被害人本人行使，由被害人自己决定是否追究加害人的刑事责任，或者允许被害人与加害人自行和解，不仅有利于维护被害人的利益，也有利于维护国家和被告人的利益。

（二）公诉与自诉分离论与转化论

在公诉与自诉并存的情况下，如何处理公诉与自诉的关系是一个棘手的问题。公诉与自诉分离论，即公诉与自诉是国家法律对起诉权的一种分配，公诉是由检察机关行使起诉权，自诉则是由被害人行使起诉权，二者按照不同的轨道运行，互不牵涉，也互不干涉。公诉与自诉转化论，即认为法律规定的自诉案件可以在一定条件下转为公诉案件和法律规定的公诉案件可以在一定条件下转为自诉案件。转化论的根基在于公诉案件与自诉案件划分标准的复杂性。在实体法层面，区分亲告罪与非亲告罪；在程序法层面，有自诉案件、公诉案件和可自诉可公诉案件之分，自诉案件与公诉案件之间的这种交织状态，导致公诉与自诉的转化不可避免。

四、公诉与自诉关系的实践样态

（一）刑事案件的类型划分与自诉案件的程序设计

现代各国的刑事起诉方式主要分为公诉和自诉两种，其中公诉处于主导地位。在采取公诉独占主义的国家，所有刑事案件均为公诉案件；在采取公诉兼自诉制的国家，涉及自诉案件的范围大小和程序设计问题。

在俄罗斯，根据所施犯罪行为的性质与轻罪程度，将刑事程序分为自诉程序、可自诉可公诉程序和公诉程序。在德国，刑事案件分为公诉案件和自诉案件，在程序的任何阶段都可以撤回自诉。在我国台湾地区，刑事案件分为公诉案件和自诉案件，自诉案件的范围较为宽泛，凡刑事案件，除法律有特别规定的外，不论犯罪性质与罪行轻重，因犯罪而直接受害者均可提起自诉。

（二）"告诉才处理"与刑事案件的类型划分

根据我国刑法第98条的规定，"告诉才处理"中的"告诉"特指被害人向法院直接起诉，而不包括向公安机关、检察院控告或报案，"告诉才处理"的案件均属自诉案件。在我国台湾地区，犯罪之被害人既可以向侦查机关提出告诉，也可向法院提出自诉，但同一案件，不可同时进行公诉程序与自诉程序。在日本，除了如诽谤、侮辱等犯罪以外，有些如简单的强奸及猥亵等性犯罪，由配偶或具有血亲、同居关系的人实施的盗窃、诈骗等财产犯罪，犯罪性质比较轻微的过失伤害以及故意损害他人财产的犯罪，均为亲告罪，即对该犯罪的处置权是留给被害人的。但是，日本采取公诉独占主义，因此亲告罪并非允许自诉之罪。

（三）对公诉与自诉交叉问题的处理

在俄罗斯，对于自诉案件和可自诉可公诉案件，如果刑事被害人或者其法定代理人未予告诉，而该犯罪对因依附关系或者无助状况，抑或因其他缘由不能保护自身权利与法定利益的人员实施的，则侦查机关负责人、侦查官以及获得检察长准予的调查官可以提起诉讼。

在德国，只有涉及公共利益时，检察院才对法律所规定的属于自诉范围的犯罪行为提起公诉。检察官不负有参与自诉程序的义务。法院认为应当由检察官接管追诉时，则向检察官移送案卷；检察院也可以在判决生效前的任何诉讼阶段，明确声明接管追诉。

在我国台湾地区，要求法院将自诉案件之审判期日通知检察官，检察官对于自诉案件，可在审判期日出庭陈述意见。自诉人于辩论终结前，丧失行为能力或死亡者，法院可通知检察官担当诉讼。自诉案件之判决书，应当送达检察官；检察官接受不受理或管辖错误之判决书后，认为应当提起公诉的，应即开始或续行侦查。

（四）自诉案件的实践状况

在德国，自诉案件只占较小的比例，立法并不鼓励自诉行为，检察官很少基于公共利益的考量接管自诉，而法院也不愿受理自诉案件。在我国台湾地区，数据显示滥用自诉的行为比比皆是。我国相关资料显示，自诉案件数量呈逐年下降的趋势，且降幅较大。自诉案件在司法实践中面临一系列的困难和问题，主要包括：（1）对于自诉案件，有时由于缺乏告诉，警察或检察官必须放弃对犯罪的追诉；（2）刑事被害人有时面临着是否控告的两难决定；（3）自诉人由于法律知识欠缺、"以刑促民"等原因导致滥诉，造成司法资源浪费；（4）被害人存在取证难、举证难、证明难等障

自诉转公诉的"庭前幕后":浙江余杭网络诽谤案

碍,难以有效维护自己的合法权益。正因为如此,才引发了是否应当限制乃至废除自诉的争论,有的国家已经废除自诉制度。

五、我国现行法中的公诉与自诉关系之讨论

对于告诉才处理的犯罪,我国亲告罪罪名很少,类型较为单一。可以考虑参照其他国家和地区刑法关于亲告罪的规定,重新审视亲告罪的范围,如将特定亲属间的盗窃、诈骗、敲诈勒索等财产犯罪纳入。暴力干涉婚姻自由案件、虐待案件目前属于亲告罪,同时又属自诉案件,但这两类案件不宜一律作为自诉案件。对于侵占案件,应给予被害人自诉或者告诉的选择权。对于告诉才处理的案件,应当明确规定告诉期限,参考我国台湾地区的规定,告诉乃论的案件,向检察官或司法警察告诉的期限为自被害人知悉犯人起6个月,逾期后,不可走公诉程序,但可自诉,自诉权的行使期限受诉讼时效的限制。在现行法律未做修改的情况下,可以采取变通做法,由公安机关代为收集证据,然后交被害人,由其决定是否提起自诉。

对于被害人有证据证明的轻微刑事案件,公安机关办理此类案件,以被害人告诉为前提,基本上采取"不告不理"的原则,追诉与否的决定权被赋予了被害人,所涉罪名却并非刑法上规定的亲告罪。俄罗斯刑事诉讼法规定,对于可自诉可公诉案件,侦查机关和检察机关可以直接启动追诉;原则上不得因刑事被害人与被告人的和解而终止,使得其区别于纯粹的自诉案件。而我国对此类案件的规定在加大对被害人保护力度的同时却弱化了国家对犯罪的追究。与告诉才处理的案件(仅能自诉)相比,给予此类案件的被害人可自诉可公诉的双重保障,对被害人"应诉而不诉"则持放任态度。

对于因公安机关不受理或者检察机关不起诉，被害人不服直接向人民法院起诉的公诉转自诉案件，可考虑借鉴外国经验，如参考德国的强制起诉程序和日本的准起诉程序设计相应制度。《德国刑事诉讼法》第172—177条对被害人申请强制起诉的条件、期限作了明确规定，法院接受被害人申请后，案件并不改变公诉性质；依据日本《刑事诉讼法》第262—268条的规定，对于不起诉的案件，被害人可以请求将该案件交付法院审判，法院决定进入准起诉程序后，不是由被害人行使原本应由检察官行使的公诉权，而是由法院指定律师代替检察官行使公诉权。

六、对郎某某、何某某涉嫌诽谤案的回应

郎某某、何某某针对不特定个人实施诽谤行为，并且在网络上广泛传播，扰乱了正常的网络秩序（也是一种社会秩序或公共秩序），严重威胁社会安宁和公众的安全感；利用信息网络实施诽谤行为，其传播速度快、范围广、影响力大，所造成的社会危害远甚于传统社会中熟人之间的诽谤行为，郎某某、何某某的行为不仅严重侵害了被害人的个人法益，而且造成了恶劣的社会影响，侵害了社会法益。基于此，检察机关建议公安机关立案侦查，将该案作为公诉案件处理，可谓合法合情合理。

从我国检察机关所处的法律监督者地位以及"民众对犯罪的恐惧更甚于对国家权力扩张的担忧"这一国情看，我国宜采公诉优先论。《解释》第320条第2款第8项规定，对于被害人有证据证明的轻微刑事案件，公安机关正在立案侦查或者人民检察院正在审查起诉的，人民法院应当说服自诉人撤回起诉；自诉人不撤回起诉的，裁定不予受理。上述规定应当扩大适用于郎某某、何某某涉嫌诽谤案的处理。

七、完善我国公诉与自诉关系的基本思路

（一）被害人的诉权可以通过多种方式实现

不应僵化理解告诉才处理与自诉的关系，亲告罪是将对犯罪追诉与否的决定权赋予被害人，而自诉案件是对部分事实清楚、证据充足、被害人有诉讼能力的案件，免除公安机关侦查和检察院审查起诉程序，直接进入审判程序，二者的出发点有异，功能并不完全重合。

（二）应当牢固树立国家追诉主义的理念

自诉的作用在于弥补公诉之不足，自诉不能脱离公诉而存在，公诉仍须随时协助自诉之进行。亲告罪不同于普通的民事纠纷，既然定位为刑事犯罪，当被害人无力取证或者自诉权遇到障碍时，公权力可在被害人同意下介入，以保障对犯罪行为予以追究。

（三）可以考虑限制乃至废除自诉

我国刑事和解程序的适用对象（因民间纠纷引起可能判处3年有期徒刑以下刑罚、可能判处7年有期徒刑以下刑罚的过失犯罪）基本可将自诉案件包含其中。自诉制度的功能在一定程度上可被刑事和解制度所替代。考虑到自诉制度与其他刑事诉讼机制之间的关系，如果其他刑事诉讼机制能够实现自诉制度的功能，则可考虑限制乃至废除自诉。

（四）应当处理好实体法与程序法的关系

公诉与自诉的关系是刑法与刑事诉讼法交错适用的领域。刑法科学、合理地规制亲告罪的案件范围，才能为刑事诉讼法准确划定自诉案件的范围提供前提。目前刑法关于亲告罪的规定不完善，对自诉案件的处理带来了严重的困扰。由刑法与刑事诉讼法的关系所决定，实体法层面的问题应由实体法解决，而程序法层面的问题应由程序法解决，二者不宜相互替

代，而应相互衔接、相互促进。

（五）应当做好自诉与公诉之间的衔接

在保留自诉制度的前提下，应当尽可能完善自诉制度，并且做好自诉与公诉之间的衔接。需要公安机关和检察机关对于自诉权的行使提供协助；赋予检察机关出于维护公共利益的需要，接管自诉案件的权力。

📖 涉嫌诽谤案自诉转公诉的法眼观察*

张建伟**

观点摘要： 检察机关从维护公共利益的必要性出发，对于可自诉也可公诉的案件提起公诉，体现了鲜明的公共利益代表人的角色立场。对于涉及公共利益的案件，检察机关可以主动作为，当事人也有权向检察机关请求公诉，理应成为完善自诉制度的新的增长点。

余杭郎某某、何某某诽谤案，已经提起自诉且为法院所受理，公安机关对于同一案件进行立案侦查、检察机关提起公诉，这种自诉转公诉之情形，是刑事诉讼法学研究之盲点。

一、这起涉嫌诽谤案是否符合提起公诉的条件

根据我国刑法第246条的规定，诽谤罪属于既可自诉也可公诉的犯罪。

---

* 本文摘自微信公众号《中国法律评论》2020年12月29日。
** 张建伟，清华大学法学院教授。

人民检察院进行起诉的法定情形有两项：一是刑法第98条规定：如果被害人因受到强制、威吓无法告诉的，人民检察院可以代为告诉；二是刑法第246条规定：侮辱、诽谤行为严重危害社会秩序和国家利益的，可以作为公诉案件论处。

对照"两高"《网络诽谤解释》关于利用信息网络诽谤他人应当认定为刑法第246条第2款规定的"严重危害社会秩序和国家利益"情形的解释：（1）引发群体性事件的；（2）引发公共秩序混乱的；（3）引发民族、宗教冲突的；（4）诽谤多人，造成恶劣社会影响的；（5）损害国家形象，严重危害国家利益的；（6）造成恶劣国际影响的；（7）其他严重危害社会秩序和国家利益的情形。显然，本案不符合前6种情形，因此，需要审视的是第7种情形"其他严重危害社会秩序和国家利益的情形"。就本案来说，网络公共空间也构成了一种公共秩序。公共秩序，也被称为"社会秩序"，是社会公共领域按照一定顺序、布局，组织和合理安排各个构成部分，实现正常运转或者良好状态的局面。凡多人活动构成的公共领域，都存在秩序问题，需要建立规章制度并以一定规范形式防止混乱。因此，"两高"在涉及网络犯罪的若干司法解释中已将网络空间视为公共场所，则网络公共领域的秩序当然属于公共秩序。

郎某某与何某某将视频和编造的聊天记录发布到网上的做法，随着广泛传播，具有空间的无限性和传播的快捷性，已非过去诽谤罪之损害范围可以比拟。不仅如此，网络传播的特点，不仅对被害人本人造成的杀伤力巨大，而且对网络社会人们的冲击也很大，让人们失去安全感，形成失序感。对于网络诽谤行为，若不加以严肃处理，严厉惩罚，还可能鼓励其他人效尤，进一步破坏网络健康发展的条件，对民众的隐私、名誉等造成严重损害。有鉴于此，人民检察院将这一案件认定为"其他严重危害社会秩序"的情形，可以说有着充分的理据。

二、这起涉嫌诽谤案有无必要提起公诉

对于这一问题，需要考虑的几个因素：一是案件涉及的公共利益；二是公诉体现的国家积极干预与社会影响；三是自诉中被害人之诉讼权利与实体权利得以实现的基本条件和难易程度；四是检察机关这样做向社会传递的信号。

检察机关从维护公共利益的必要性出发，对于可自诉也可公诉的案件提起公诉，体现了鲜明的公共利益代表人的角色立场。

本案作为一起有着广泛社会影响的诽谤案件，其社会影响已经超越了一般诽谤案件的范围，具有公共利益的指标意义。过去刑法视域中的诽谤，只是熟人之间的恶意诋毁，影响范围有限，网络时代的诽谤对当事人的损害无远弗届，而且扰乱了网络社会的秩序，引起公众安全感的丧失和对现代技术健康应用的普遍疑虑。不仅是案件本身涉及的网络公共秩序的维护具有公共利益，提起公诉的公共利益宣示意义也构成了该案启动刑事公诉程序的理由。

这一案件，检察机关的积极作为，对于自己行使诉权的被害人来说，也起到雪中送炭的作用，对于不仅是本案被害人，也包括其他同类被害人维护自己的权利起到鼓舞作用，因此，即使被害人已经提起自诉案件且法院予以受理，人民检察院提起公诉仍然有着不可替代的价值。就诉讼推进的力度和对被害人的便利性来说，自诉都是无法与公诉比肩的。

从本案郎某某、何某某的诽谤行为和造成的恶果以及二人事后的悔过

态度看，公安机关的行政处罚不足以"罚当其罪"，也不足以产生警诫效尤者的一般预防作用，就此可以看出，就此案进行刑事追诉并非没有必要。

三、如何进行公诉与自诉的程序的转化衔接

这起案件已经提起自诉，该案经受理后与法院形成了诉讼系属关系，如今又启动了刑事公诉程序，同一案件形成公诉与自诉并存的局面，需要理顺两者关系。对于这一问题，需要从以下几方面思考：

对同一案件，是否允许公诉与自诉并存的局面。对同一案件，如果允许公诉与自诉并存，固然保障了国家的诉讼意志在起诉中得以实现同时实现被害人的诉权，但也存在明显弊端：如果公诉或者自诉有先后，一种诉讼已经作出生效判决，另一种诉讼则法院如果再受理，后一种诉讼可能失去实质意义。对于被告人来说，恐怕不能因同一犯罪被重复处罚，因此重复起诉是否具有实质意义，不无疑问，只是白白浪费司法资源；如果公诉与自诉各自作出判决且不相同，不但难以执行而且损害司法公信力，动摇司法权威。因此，两个诉讼应当合并审理为宜。

对于自诉案件，如果已经启动了公诉程序，适当的做法应当是：自诉案件不应再行受理。如德国采取的是公诉优先自诉的规定，不再实行公诉与自诉对等原则。对于已经提起自诉，是否可以再提起公诉，如我国台湾地区，采取自诉优先公诉的做法。由此可见，自诉与公诉谁优先，是一个制度选择问题，无须只执一端进行绝对化思考。

在我国，已经提起公诉，被害人以当事人身份参与诉讼，无须另行提起自诉；如果属于自诉案件，检察院认为已经生效的自诉案件判决确有错误，可以提起审判监督程序的抗诉，也不需要另行提起公诉。

对于公诉与自诉并存的问题，刑事诉讼法和司法解释可以在三种处理方式中作出选择：一是采行自诉优先的做法，则除非自诉人撤回自诉或者被驳回自诉，否则不能启动公诉程序；二是采行公诉优先的做法，一旦开始刑事立案侦查，对于同一案件不应再受理自诉；如果已经受理自诉，可以采取公诉吸收自诉的办法，即启动公诉程序后，自诉程序吸收进公诉程序，法院终止自诉案件的审理，被害人以当事人身份参与诉讼；三是自诉与公诉并行，启动公诉程序后，自诉案件中止审理，待提起公诉后将公诉与自诉合并审理。以上述哪一种方案解决自诉与公诉并存问题，需要加以权衡。笔者认为，采取公诉优先的做法，不失为最佳选择。另外，在自诉案件启动侦查以后，公安机关、检察机关撤案或者不起诉的情况下，允许被害人根据刑事诉讼法第210条第3项向法院提起自诉，可以作为当事人权利的救济手段。

余杭郎某某与何某某涉嫌诽谤案，谷女士已经提起自诉且法院已经受理，公安机关对于同一案件进行立案侦查，司法机关可以说服自诉人撤回自诉，谷女士以当事人身份参与案件的公诉程序，由此完成自诉案件转化成公诉案件的过程，避免两种诉讼并存，案件推进诉讼进程存在差异，产生程序上的冲突和实体裁判的难题。

四、结语

司法实践中，私人诉追有一定难度，立案难、取证难、证明难、达成诉讼目标难等问题不同程度存在。司法机关对于自诉的重视程度和积极性也不高，自诉多呈萎缩状态。对于涉及公共利益的案件，检察机关可以主动作为，当事人也有权向检察机关请求公诉，理应成为完善自诉制度的新的增长点。

告诉才处理犯罪的追诉制度：历史回顾与理论反思[*]

吴宏耀[**]

观点摘要："告诉才处理案件只能自诉"是我国刑事诉讼法学理论在特定历史条件下的学理误读。就法律功能看，告诉才处理制度与自诉制度承载着不同的法律功能。一项犯罪在实体法上是否规定为告诉才处理的犯罪与其在追诉方式上是否适宜提起自诉，一个是价值选择问题，另一个是现实操作问题，需要考量的因素大异其趣。因此，二者在案件范围上虽有一定交叉，但本质上并非告诉才处理的犯罪都适宜纳入自诉的案件范围。故此，正本清源，告诉才处理案件本质上属于公诉案件；根据现行刑事诉讼法规定，立法只是赋予了告诉才处理案件"可以自诉"的权利，而非限制其只能自诉。就告诉才处理犯罪的追诉方式进行重新解读，为此类犯罪构建一种"公自诉并行"的追诉制度，本质上是承认

---

[*] 本文摘自《中国刑事法杂志》2021年第1期。
[**] 吴宏耀，中国政法大学国家法律援助研究院教授。

被害人就此类犯罪享有追诉方式的选择权。

杭州诽谤案涉及罪名属于刑法规定的、典型的告诉才处理的犯罪，案件的意义不仅在于个案的顺利解决，更在于可以借此认真反思我国告诉才处理犯罪的追诉理论，并由此促进形成一种更合理、更合乎立法本意的追诉制度。

一、传统诉讼理论：告诉才处理的犯罪属于"纯粹的自诉案件"

我国刑事诉讼法学界的主流观点认为，在追诉程序上，告诉才处理的犯罪属于"严格意义上的自诉案件"。原则上，诽谤犯罪属于告诉才处理的犯罪，属于自诉案件，是否追诉犯罪取决于被害人的追诉意愿（是否"告诉"）；对于符合但书规定的犯罪，则属于公诉案件，应当适用刑事公诉程序进行追诉；此时，被害人是否告诉，并不影响刑事公诉程序的进行。

就杭州诽谤案而言，鉴于被害人此前已经提起了自诉，在程序上可以有两种处理方案：一是被害人主动撤回自诉，终止已经启动的自诉程序；二是如果被害人拒绝撤回自诉，人民法院则应当以被害人不享有自诉权为由，裁定终止审理。根据《解释》第320条的规定，在人民法院审查起诉环节，对于"不属于本解释第一条规定"的自诉案件而提起自诉的，"应当说服自诉人撤回起诉；自诉人不撤回起诉的，裁定不予受理"。但在杭州诽谤案中，由于案件性质的变化发生在立案之后，显然，人民法院已经不可能再以不符合起诉条件为由裁定不予受理。因此，在诉讼理论上，法院应当根据不告不理原则的要求，以不存在合法起诉为由，裁定终止自诉程序，此前的自诉活动自始无效。

二、传统理论反思：告诉才处理的案件"只能自诉"吗

回望我国清末以来的刑事诉讼现代化历程，将告诉才处理的犯罪界定为"只能自诉的案件"却是对1979年刑事诉讼法相关规定的学理误读。在追诉程序上，将告诉才处理的犯罪解释为"只能自诉"，还带来了一系列的法律问题。就程序法而言，根据1979年刑事诉讼法第11条规定，"依照刑法告诉才处理的犯罪，没有告诉或者撤回告诉的"，属于不应当追究刑事责任的法定情形之一。据此，我国刑事诉讼法学理论普遍认为，在刑事诉讼活动中，公安机关、人民检察院、人民法院遇有上述情形，应当"撤销案件，或者不起诉，或者宣告无罪"。然而，如果将告诉才处理的犯罪等同于"只能提起自诉"的案件，那么，在公诉程序中，又怎么可能遇到"没有告诉或者撤回告诉的"法定不追究刑事责任情形呢？如果说该项规定是专门为自诉案件规定的，那么，当时的立法者又为什么会将其作为一项刑事诉讼基本原则的内容规定在第11条呢？长期以来，我国刑事诉讼法学理论一直承袭"告诉才处理的犯罪只能自诉"的理论观点，一定程度上导致立法体系解释上的紊乱。

"告诉才处理的犯罪只能提起自诉"的诉讼法解释，为我国刑事实体法规定带来了更大的困扰，主要体现在三个方面：第一，在现代国家普遍实行国家公诉主义背景下，告诉才处理犯罪的法律意义在于为个人保留一定"私的领域"，在该领域内，国家刑法权将在实质意义上受制于被害人追诉犯罪的意愿。然而，在"告诉才处理的犯罪只能提起自诉"的诉讼法解释影响下，我国刑法关于告诉才处理犯罪的规定，似乎更在乎犯罪的严重程度、案情是否复杂、是否适合被害人自诉。第二，在范围上，由于过

多考虑通过自诉程序追诉犯罪的可行性问题，我国刑法规定的告诉才处理犯罪寥寥无几、屈指可数。第三，在立法技术上，徒增立法难度、司法困扰。在自诉审判中寻求公安机关提供协助，无疑将滋生更多的程序法问题：“公安机关提供协助"应当适用何种程序？是否可以采取强制措施或搜查扣押等侦查手段？协助收集证据的侦查人员是否有义务出庭作证？

三、回归本源：重建告诉才处理犯罪的二元追诉体制

在杭州诽谤案的讨论中，网络诽谤罪的"自诉效果并不理想"是支持论者的普遍关切。然而，"自诉效果并不理想"绝非网络诽谤罪独有的问题。根据刑法第246条但书的学理解释，虽然可以通过国家公诉的方式顺利解决杭州诽谤案的追诉程序问题，但却无法类型化地解决告诉才处理犯罪的追诉机制问题。本文认为，与其固守"告诉才处理犯罪只能自诉"的窠臼，不如直面问题的本源，回归告诉才处理犯罪的原本含义，并由此构建告诉才处理犯罪"公诉—自诉并行"的二元化追诉格局。

（一）正本清源：告诉才处理犯罪

在现代刑事法中，告诉才处理犯罪是一种特殊的犯罪类型。如果被害人没有告诉或者撤回告诉的，国家追诉机关即便认为该行为已经构成犯罪，也不得继续进行追诉。因此，与非告诉才处理的犯罪相比，告诉才处理的犯罪旨在强调对被害人追诉意愿的尊重、强调国家刑罚权应当有所节制。一般而言，告诉才处理的犯罪可以分为绝对的告诉才处理犯罪与相对的告诉才处理犯罪。其中，绝对的告诉才处理犯罪着眼于犯罪事实，无论何人遭受此类犯罪侵害，被害人均享有是否追诉犯罪的决定权。我国现行立法规定的告诉才处理的犯罪均属于此种类型。相对的告诉才处理的犯罪则着

眼于被害人与犯罪人的关系，只有具有特定亲属关系的被害人，才能享有是否追诉犯罪的决定权。以我国台湾地区的亲属间盗窃为例。盗窃罪原本不属于告诉才处理的犯罪，但是，如果属于亲属之间的盗窃行为，鉴于行为人与被害人之间存在特定的亲属关系，为了避免因追诉犯罪害及家庭亲情，立法特将此类亲属之间盗窃犯罪规定为告诉才处理的犯罪，赋予具有特定亲属关系的被害人以决定是否追诉犯罪的权利。很显然，立足我国社会现实生活和基层司法实践，对于亲属之间、邻里之间的某些犯罪类型，也完全可以借鉴相对告诉才处理的立法技术，以避免因国家追诉机关的强行介入而撕裂原本可以修复的社会关系。就法律功能上，立法之所以将特定的犯罪行为规定为告诉才处理的犯罪，在于通过为被害人保留一定的私人决定空间而促进更大的"善"。因此，告诉才处理的制度价值主要表现为消极价值，即当追诉犯罪的公共利益与被害人的追诉犯罪意愿发生冲突时，国家追诉机关应当保持一种谦抑的姿态，而不是将被害人视为国家追诉机器的一根螺丝钉、迫使其违背真实意愿来协助国家追诉犯罪。因此，我国刑事诉讼法规定，对于告诉才处理的犯罪，被害人没有告诉或者撤回告诉的，属于不应当追究刑事责任的法定情形，应当及时终止刑事追诉活动。

（二）告诉才处理案件：公自诉并行的二元化追诉制度

在立法上，告诉才处理制度与自诉制度各异其趣，分别承载着不同的法律功能。具体而言，是否将一项犯罪规定为告诉才处理的犯罪，主要考虑的是该犯罪侵害的主要法益以及是否应当尊重被害人追诉意愿等应然因素。因此，立法中，是否将某一犯罪规定为告诉才处理的犯罪，本质上是一个价值选择问题。然而，作为追诉犯罪的法定形式之一，哪些案件可以纳入自诉范围，则是一个事实判断问题，需要注重考虑被害人的追诉能力、取证的难易程度等实践性因素。而且，在法律功能上，"告诉才处理是对国家追诉原则的限制（诉讼条件），而自诉是国家追诉原则的例外，只是为了减轻追诉机关的负担"。由于告诉才处理制度与自诉制度需要考量的因素不同且承载着不同的法律功能，因此，刑法规定的告诉才处理案件，并不必然都适宜诉诸自诉。因此，域外规定的告诉才处理犯罪本质都属于公诉案件：所谓"告诉"是指向国家追诉机关提出追诉请求，相当于我国公诉案件中被害人的控告或报案。换句话说，对于告诉才处理的犯罪，国家追诉机关充当的是"守夜人"角色：在放弃追诉维度上，如果被害人自愿放弃追诉犯罪，国家追诉机关必须尊重被害人的意愿停止追诉；在追诉犯罪维度上，如果被害人明确要求追诉犯罪，国家追诉机关则必须肩负起维护被害人合法权益的保护职责。在我国现行制度下，"告诉才处理的案件"只能自诉的主流观点是一种难以自圆其说的学理解释。因此，正本清源，将"告诉才处理的犯罪"重新解读为公诉案件并不存在制度上的障碍，也更符合刑事诉讼法第210条关于自诉案件范围的内在逻辑。根据刑事诉讼法第210条规定，第二类、第三类自诉案件都属于被害人"可以提起自诉"的授权性规定：这两类案件本质上都属于公诉案件，只是为了更好地保障被害人的合法利益而据此赋予了被害人选择自诉的权利。因此，按照同样的逻辑，关于"自诉案件包括"告诉才处理的案件的规定，也可以理解为：该项规定是一种"可以自诉"的授权性规定，该项规定本身并不改变告诉才处理的案件属于公诉案件的本性。显而易见，一旦打破"告诉才处理的案件只能自诉"的魔咒，诸如网络诽谤案、虐待案等告诉才处理案件的种种困扰将一扫而光。基于公诉案件的本性，告诉才处理犯罪的被害人不仅可以像其他被害人一样，通过提出控告或报案的方式寻求国家追诉机关的保护；同时，如果被害人认为提起自诉可以更有效保护自身合法权益时，也可以根据刑事诉讼法第210条规定，自行提起自诉。在公自诉并行的二元化追诉制度下，类似杭州诽谤案的程序转换将会变得更加流畅。在该案中，由于被害人已经提起了自诉，因此，原则上应当依照自诉程序进行审判。在审理中，如果法院认为被害人"提供证据确有困难的"（需要根据刑法第246条第3款规定"要求公安机关提供协助"）或者属于"严重危害社会秩序和国家利益的"（需要国家追诉机关依照公诉程序处理的），可以参照第二类自诉案件的处理方式，裁定终止审理，"告知被害人向公安机关报案，或者移送公安机关立案侦查"。

📖 "自诉转公诉"的刑法法理分析*

时延安**

观点摘要： 有关"自诉转公诉"的讨论，首先有必要在刑事法基础理论层面展开，厘清国家垄断刑事惩罚权并主导刑事追诉的同时赋予被害人自诉权的法理根据和政策意义，进而以此为基础在实体法层面分析告诉才处理犯罪的解释问题，在程序法层面讨论追诉权出现竞合情形如何在程序上进行妥当处理的问题。"自诉转公诉"是因同一案件出现追诉权竞合现象所导致的，代表国家追诉的机关依法启动公诉程序追诉犯罪并未不当干涉被害人追诉权，反倒有利于实现被害人的追诉目标。对于"自诉转公诉"现象，应一体性地予以考量并区分情形确定相应的法律规则。

一、刑事惩罚权的国家垄断与刑事追诉的个人发动

我国刑事诉讼法在刑事追诉权上虽未采取绝对的国家垄断方式，但

---

* 本文摘自《中国刑事法杂志》2020年第1期。
** 时延安，中国人民大学刑事法律科学研究中心特聘研究员、法学院教授。

留给被害人自诉的空间比较狭窄。刑事诉讼法规定的三种自诉类型中,后两种是对刑事公诉的一种补充;只有在"告诉才处理"这种类型中,被害人才享有相对独立的追诉权,并决定刑事追诉能否被"发动",而国家机关不能主动提起追诉。告诉才处理的犯罪之所以是刑法规定犯罪的一个例外,可以说,也是构建法秩序的一个例外,这表明法秩序构建对社会秩序中传统的,且属于私人领域中权利人利益的承认和特殊保护。同样,国家在刑事追诉权的设计上承认被害人具有一定的自诉权,一方面是出于尊重被害人在私人领域中的特殊利益,避免给其造成"二次伤害";另一方面也符合公众的基本观念,符合公众对国家追诉权保持适度谦抑的期待。当然,无论从实体法层面上讨论告诉才处理的犯罪,还是程序法层面讨论自诉程序,这毕竟是法秩序的一个例外,因而这种例外受到一些限制,即当这一类型的行为侵犯公共利益时,就需要国家"越过"个人主动追诉。

二、告诉才处理案件追诉权的程序实现与补强

我国对告诉才处理案件采取的绝对自诉模式,将刑事追诉权交给被害人,但同时也限制了其追诉的方式,即只能向法院直接提起。换言之,在告诉才处理的案件中,被害人的刑事追诉权就是刑事起诉权。

对于刑事自诉程序存在的取证难、举证难和证明难的问题,我国刑法和刑事诉讼法在制度上做出了一定补强。一是刑事自诉程序内的补强,即在特定情形下,由公安机关为被害人行使刑事自诉权提供收集证据方面的支持,但这种补强方式存在的问题是,无法确保公安机关在提供证据协助上的主动性和有效性;二是被害人刑事自诉外的补强,即当行为人行为侵犯利益超出个人利益范围或者超出被害人个人决定范围时,遵循公诉程序处理。例

如，当侮辱、诽谤行为"严重危害社会秩序和国家利益"时，由公安机关立案侦查，通过公诉程序处理。在这种情形下，行为人侵犯的利益不仅包括被害人的隐私权、名誉权，还包括公共利益乃至国家利益等超个人的利益。

在超出个人利益范围的情形下，被害人的隐私权或名誉权受到侵犯，从法理上讲，其仍有刑事自诉权，但由于行为人侵犯的利益"溢出"了被害人的私领域，出现了国家行使追诉权的条件。由于刑事自诉和刑事公诉指向的是同一行为人的同一行为，即出现追诉权竞合的情形。在这种情形下，国家追诉权应当优先实施，其理由有三点：一是在追诉目标上，国家和被害人是一致的，即追究行为人的刑事责任，同时基于一事不再理原则，对行为人只能同时提起一个刑事诉讼；二是在利益维护方面，国家对公共利益的维护可以涵盖对被害人个人利益的保护；三是在追诉犯罪方面，代表国家追诉的机关具有更为丰富的资源和更为有效的手段。需要强调的是，诸如"严重危害社会秩序和国家利益"的判断，不是被害人的责任，而应由公安机关或司法机关来判断。也因为如此，不能事后地否定被害人的自诉权，因为事发后被害人的名誉权、隐私权是最先受到侵犯的。

三、追诉权竞合案件的程序转换

以追诉权竞合概念为分析工具，可以将"自诉转公诉"案件分为两类，即实质的追诉权竞合型和想象的追诉权竞合型。

实质的追诉权竞合，是指在国家追诉的刑事案件中，被害人的自诉权仍旧存在。例如，当侮辱、诽谤行为"严重危害社会秩序和国家利益"时，由国家进行追诉，但不能由此否认被害人具有追诉权。如果被害人先行提起自诉，而法院认为或者公安机关发现，侮辱或诽谤行为"严重危害社会秩序和国家利益"而应转为公诉程序时,就会出现"自诉转公诉"的情况。具体而言,法院应终止自诉程序的审理,建议自诉人撤回自诉而不应驳回自诉人起诉,并将该案移送公安机关侦查;自诉人不愿撤诉的,法院应中止诉讼,待公诉案件起诉到法院后,再行并案审理。当然,在这种情形下,依照我国现行刑事诉讼法的规定,在公诉程序中,被害人不能作为自诉人出现,而只能在附带民事诉讼中作为原告出现。

想象的追诉权竞合,是指被害人自认为有自诉权,但实际上被害人对其起诉的案件并没有追诉权。例如,在虐待案件中,被害人认为虐待行为只构成轻伤,因而提起自诉,法院在审理过程中发现被害人伤情已达到重伤。在这种情形下,该案属于公诉案件,被害人实际上并没有自诉权,法院应建议被害人撤回自诉或者驳回起诉,同时将案件移送公安机关立案侦查。

在被害人已经启动刑事自诉的情况下,已经具备追究行为人刑事责任的可能,那么,再行启动公诉程序是否有妥当、必要呢?答案是肯定的。理由可以归纳为三点:一是当符合国家追诉的前提时,法定刑事追诉机关有职责进行追诉。以诽谤罪为例,当诽谤行为严重危害社会秩序和国家利益时,公安机关就应当进行立案侦查予以追诉,这是公安机关的职权也是其职责。而且,我国刑事诉讼法也没有规定,在被害人提起自诉的情况下,对符合国家追诉条件的案件,公安机关有不予立案侦查的例外。二是被害人自诉不能替代国家追诉。被害人追诉目的是维护个人利益,其自诉不能代表社会或者国家的利益,国家追诉维护的是公共利益。当然,对某一行为是否侵犯公共利益,其判断权在法定职权机关,但最终由法院在审理案件后作出终局性认定。三是由法定职权机关代表国家进行追诉,也具有明显的宣示意义,即国家不会懈怠履行维护公共利益的职责和任务。

当公诉程序开始启动的情况下,如果刑事自诉已经开始,就会出现观念上的诉讼竞合的情况。诉讼竞合出现是由于同时存在多个诉权的情况。如果认为两个乃至多个诉权应予以同时、分别地保护,那么,两个诉讼乃至多个诉讼应当同时进行;如果认为两个乃至多个诉权中需要优先保障一个诉权的话,那么,就应使得两个或者多个诉讼接续进行;如果存在两个或多个诉权,假若认为一个诉权的实现能够同时替代或者涵盖另外一个诉权,那么,就只通过一个诉讼来处理,并在这个诉讼中考虑其他诉权主体所主张的利益。告诉才处理案件中的"自诉转公诉"就属于最后一种情况。换言之,即便被害人有自诉权(如侮辱、诽谤案件),在国家具有追诉权的情况下,也只应通过一个诉讼即公诉程序解决。理由在于,公诉权所追求目标和自诉权追求的目标是相同的,即追究行为人的刑事责任,在目标一致的情况下,以公诉程序处理可以同时实现自诉人的目标,因而没有必要再单独保留或者继续自诉程序。不过,公安机关在侦查活动中、检察机关在审查起诉及向法院提起公诉活动中,应充分体现被害人所主张的利益。需要强调的是,"自诉转公诉"的做法并没有实质影响或者不当干涉被害人的利益。如前所述,刑法为告诉才处理的犯罪作出例外的规定,也是一种对被害人自诉的补强。显然,通过公诉程序处理案件更有利于维护被害人利益、实现其追诉目标。

四、"自诉转公诉"的法理障碍及克服

"自诉转公诉"这种程序转换方式存在的法理障碍:是否会给被告人带来更多诉讼负担,尤其是这种处理方式是否有违"一事不再审"原则。

可以区分三种情形进行分析：(1)被害人提起自诉后，法院在立案时就发现应作为公诉案件处理；(2)法院在审理自诉案件时发现应作为公诉案件处理；(3)法院就自诉案件作出裁判后，公安机关或者检察机关发现并认为应作为公诉案件处理。第一种情形，被害人虽启动了刑事追诉，但刑事自诉程序并没有展开，被告人几乎没有什么诉讼负担，在这种情形下，对行为人而言实质上并不存在"一事二审"的问题。第二种情形，刑事自诉程序已经开始，被告人实际上要承受一定的诉讼负担，但与刑事公诉案件相比，被告人在刑事自诉中承受的诉讼负担要轻得多，即便认为确实存在"一事二审"的现象，但与公诉案件的"一事二审"是不能相提并论的，因而可以将这种情形作为"一事不再审"的例外情形看待。同时，在新提起的公诉程序中，可以通过将被告人所作答辩转换为犯罪嫌疑人、被告人供述等方式，相应地减轻其在刑事公诉程序中的诉讼负担。第三种情形可以分为两种情况：一是因为证据不足，法院说服被害人撤回自诉或者裁定驳回的，法院实际上并没有判断被害人是否有刑事责任，被害人如果有新的证据足以证明侵害人有罪，还可以再行提起自诉，对于这种情形，如果公安机关或检察机关认为，被害人指控的行为属于公诉处理范围的话，可启动公诉程序予以追究，这种情况与上述第二种情形基本相同；二是被告人已经被宣告有罪或者无罪，在这种情形下，法院已经对被告人的刑事责任问题进行了判断，已经实现了被害人追诉的目标（即便可能与其期待不同），而这一判决的效力对公安、检察机关也具有约束力。更为重要的是，如果允许再行提起公诉，就会实质性违反"一事不再审"原则。

杭州郎某某、何某某诽谤案，"自诉转公诉"处理，也形成了一个先例，就是当某个侮辱、诽谤行为通过网络实施进而严重冒犯社会公序良俗时，就可以认为是"严重危害社会秩序"，进而通过公诉程序予以处理。从"自诉转公诉"现象也能够透视出我国告诉才处理犯罪程序设计存在的问题。法律赋予被害人以追诉权的同时，还应在制度上考虑如何解决被害人诉讼能力的问题，尤其要在取证、举证和证明方面提供更多的制度保障。同时，也应考虑，允许"告诉才处理"犯罪的被害人可以向公安、检察机关告诉，进而由公安机关侦查、检察机关代为告诉，如此可以解决被害人诉讼能力不足的问题，而公安机关或者检察机关也有可能第一时间来判断被害人指控的行为是否已经侵犯到公共利益。

民法典时代网络诽谤案件的刑法应对*

孙道萃**

观点摘要： 充分激活传统刑法规范及其理论体系的潜在功能，继而用于应对新型网络犯罪，这种功能需求导向下的刑法扩张适用逻辑，是现阶段调和传统刑法体系与新型网络犯罪之间主要载体形式。杭州郎某某、何某某诽谤一案，在"行政处罚"不足以有效保障公民的网络名誉权益以及刑法介入面临诸多困难的情况下，由自诉转为公诉，是网络时代刑法适度扩张适用的正确之举。

一、网络空间不是"法外之地"的刑法场域证成

现代信息网络技术及其应用的广泛普及，使网络空间成为人类社会生产生活的基本方式。在传统现实物理社会与网络空间相互深度嵌合与分化的过程中，传统法律制度与网络法律制度的交互不断加深，并变得日益复杂，这不仅给传统法律制度的实施与适用带来诸多挑战，也迫使导入网络

---

* 本文摘自《检察日报》2020年12月28日第3版。
** 孙道萃，中国政法大学副教授、国家法律援助研究院学术部主任。

社会的思维与观念指导司法实践，其目的就是确保网络空间不是"法外之地"，而且是刑法可以且应当作为的场域。刑法积极介入网络空间，治理网络违法犯罪案件，维护网络安全，是其积极行使新时代保护网络安全法益之使命与担当的具体体现，也是传统刑法体系积极吸收网络因素并有序转向网络刑法时代的进化之举。

各方聚焦的杭州郎某某、何某某诽谤一案，正是行为人以捏造虚假信息的方式故意实施的。虚假信息在互联网空间广泛传播，不仅直接侵犯了公民在网络空间中的"安宁"与"平静生活"，也对网络空间的秩序造成了重大的破坏。进言之，在网络空间与社会个体生活高度黏合的背景下，这种在网络空间捏造虚假信息并肆意传播的，不仅侵犯个人名誉权，更导致网络空间安全陷入"集体不安"的无序状态。对此，刑法应当作为。在网络空间对个体权益的保护，同时也是为了维护网络空间安全。这是今后刑法长期需要直面的新课题。

二、网络诽谤犯罪的扩张适用如何于法于理有据

可以基本达成共识的是，几乎所有的传统犯罪形态，都可以通过网络或在网络空间实施。更重要的是，新型网络犯罪形式与手法不断出现，我们正在迈向网络犯罪凸显的时代。但这一重大的时代跨域，也面临结构性矛盾与制度性短板，可以集中概括为传统刑法规范供给不足，传统刑法理论转型滞后，传统刑事司法模式出现不适应。在此背景下，充分激活传统刑法规范及其理论体系的潜在功能，继而用于应对新型网络犯罪，无疑是当下的必然选择。这种功能需求导向下的刑法扩张适用逻辑，是现阶段调和传统刑法体系与新型网络犯罪之间主要载体形式。倡导适度的刑法扩张

适用逻辑，反映了现行刑法合理扩大法益保护范围和对象的基本立场，以及切实保障网络空间安全的积极预防姿态。

刑法第246条前两款规定，以暴力或者其他方法公然侮辱他人或者捏造事实诽谤他人，情节严重的，处三年以下有期徒刑、拘役、管制或者剥夺政治权利。前款罪，告诉的才处理，但是严重危害社会秩序和国家利益的除外。传统意义上的诽谤罪，以现实物理社会为发生场域。因此，在考察危害结果等要素时，遵循实际发生的标准，以可以查证或测评的内容为对象。尽管如此，由于"诽谤"的规范判断具有一定的主观性，并需要借助外部的社会评价作为评估要素，因此，刑法介入总体上是不足的，导致对诽谤案件的处理也不充分。这一问题在网络空间社会有进一步加剧的迹象，原因主要在于网络空间的虚拟性以及评价对象、标准都"脱靶"于已有的共识，如"公然"的理解、网络信息与谣言的关系、网络空间中的"严重危害社会秩序和国家利益"的把握等都是难点；加之在实践中收集证据的难度增加，导致网络时代的诽谤犯罪案件在处理上更为棘手。在杭州郎某某、何某某诽谤一案，被害人正遭遇了上述"自救"的困局。

为此，《刑法修正案（九）》增加了第3款，规定通过信息网络实施第1款规定的行为，被害人向人民法院告诉，但提供证据确有困难的，人民法院可以要求公安机关提供协助。尽管第3款的规定为收集证据开辟了绿色通道，但仍未能整体性解决介入难、处罚不足的问题。鉴于实践中的困惑，对网络诽谤案件予以适度的扩张介入是必要的，而其关键在于：一是在网络时代，名誉权更容易受到侵犯，应当提高法律保护的力度，在民法典实施的新背景下更是如此。二是运用传统刑法规范与一般理论处置网络诽谤犯罪案件时，出现了程序法与实体法的"两难问题"。单纯解决证据收集难的问题显然不够，还需从实体法优化惩治网络诽谤犯罪的定量要素及其标准，使其"入罪"的规范依据更为明确，更符合这类犯罪的实际情况。三是尽管"自诉"转"公诉"不能作为常态的做法，但在这个案件中，不仅发挥了及时保护的意义，也凸显了个案公正及其法治宣示意义。

三、结语

备受关注的杭州郎某某、何某某诽谤一案，绝非当前治理网络诽谤犯罪案件陷入诸多困境下的一个特例情形。在"行政处罚"不足以有效保障公民的网络名誉权益以及刑法介入面临诸多困难的情况下，自诉得以立案，尤其是由自诉转为公诉，是网络时代刑法适度扩张适用的正确之举，不仅反映了检察机关、公安机关恪守客观公正之立场，也体现了检察机关积极行使法律监督职能。但是，更值得注意的是，在网络犯罪时代，检察机关如何更加有效作为。我们坚信，通过上述个案的有效解决，可以为检察机关在网络时代如何有效作为寻找最为贴切的应答方案。

网络诽谤"告诉才处理"中"除外"的理解*

李 翔**

观点摘要：造成公序良俗的严重损害，应当解释为刑法第246条第2款规定的"其他严重危害社会秩序"。告诉才处理在告诉的对象上不应仅限于告诉权人向法院告诉，至于行为人向哪里"告诉"不应做过多限制，只要行为人向公安、检察院、法院等司法机关提出控告，就表明行为人具有"告诉"意愿，就应该从立案、取证、支持公诉等方面全面保护受侵害的法益。

刑法第246条规定了侮辱罪和诽谤罪，即以暴力或者其他方法公然侮辱他人或者捏造事实诽谤他人，情节严重的，处三年以下有期徒刑、拘役、管制或者剥夺政治权利，并规定前款罪，告诉的才处理。虽然刑法的同一个条文规定了两个罪名，且行为人侵害的都是被害人的名誉权，但两个罪在本质上存在较大差异，就侮辱罪而言，大多数情况下，被害人未必

---

* 本文摘自微信公众号《浙江检察》2020年12月30日。
** 李翔，华东政法大学教授、博士生导师。

愿意通过诉讼的方式让更多的人知道自己被侮辱的事实,因为诉讼本身就可能会使更多的人知道自己被侮辱的事实,被害人则更多的是希望行为人停止侵害或者通过向自己赔礼道歉、给予一定的经济赔偿等方式实现"和解"。如果不顾被害人的真实意愿,由检察机关径行提起诉讼,可能效果会适得其反,背道而驰。而诽谤罪则不同,因为行为人无中生有,捏造了有损他人名誉的"事实",即该有损他人名誉的事实本身是不存在的,因此,就被害人而言则更希望这些捏造出来的"事实"被澄清,特别是希望通过法院的审理还自己清白。因为法院的审理更加具有权威性,也更加有利于恢复自己的名誉,而通过所谓"私了"的方式,会让外人多少有点觉得"不明不白"。

随着网络的日益发达,诽谤行为逐步由现实社会中的三维空间向网络空间发展,网络诽谤借助网络传播的速度快、波及的范围广等特点,给被害人造成的负面影响特别大,特别是有的案件中被害人在被诽谤之后,靠自己力量几乎没有可能实现"告诉",因为告诉才处理的基本要求是告诉权人必须向法院提交足够的证据来证明自己被诽谤且达到刑法规定的"情节严重"的程度,在有些场合,被害人往往只是知道自己被诽谤了,至于是谁诽谤自己的都难以举证,更遑论什么"情节严重"的罪量要求了。在这种情况下,如果仍然坚持"不告不理"或者"告诉才处理"的诉讼要求,明显不利于对被害人权利的保护,使得诽谤罪的立法条款在适用效果上大打折扣甚至导致法条被虚置现象,这就难以发挥刑法保护法益的机能。为此,《刑法修正案(九)》对刑法第246条增设第3款,"通过信息网络实施第一款规定的行为,被害人向人民法院告诉,但提供证据确有困难的,人民法院可以要求公安机关提供协助"。毫无疑问,该款内容的设置旨在为被害人提供收集证据的帮助，在发挥刑法保护社会机能方面具有积极正向价值导向作用。但我们也同时看到，该条款的作用对网络诽谤行为的惩治非常有限。首先，被害人向法院告诉，前提是有自己被诽谤的事实和证据，如果告诉权人提供不了证据，法院立案受理都非常困难，也就更谈不上人民法院要求公安机关"提供协助"了；其次，人民法院"可以"要求公安机关提供协助，就意味着是否"要求"仍然取决于审理的人民法院，如果人民法院认为不构成诽谤罪（事实上构成诽谤罪），那么人民法院也就不会要求公安机关提供协助收集证据，所以，被害人的权利保护也就基本上无从谈起；最后，从司法实践上看，由于告诉才处理案件并不是公安机关立案侦查的案件，因此，公安机关提供协助的"用心"程度有时依赖于办案人员的个人意愿，其"提供协助"的有效性存疑。正是基于上述立法的供给不足，因此有必要进一步发挥解释的作用。即针对刑法第246条第2款中的"但是严重危害社会秩序和国家利益的除外"做充分的解释。

随着网络时代的到来，传统犯罪行为网络化的现象越来越突出，特别是针对利用网络实施侮辱诽谤类的犯罪明显增多。"两高"《网络诽谤解释》中将"严重危害社会秩序和国家利益"则规定了七种情形：（1）引发群体性事件的；（2）引发公共秩序混乱的；（3）引发民族、宗教冲突的；（4）诽谤多人，造成恶劣社会影响的；（5）损害国家形象，严重危害国家利益的；（6）造成恶劣国际影响的；（7）其他严重危害社会秩序和国家利益的情形。在上述的七种情形中，仍然保留了"其他严重危害社会秩序和国家利益的情形"。从《网络诽谤解释》上看，列入"除外"情形的，基本上是围绕"公共秩序""公共利益""国家利益"展开。因此，对于造成公序良俗的严重损害，应当可以解释为"其他严重危害社会秩序"。

此外，从应然角度讲，告诉才处理的案件，其前提仍然是法益遭受侵害，而遭受侵害的法益理所应当受到刑法保护，这也是积极罪刑法定主义的题中之义。因此，告诉才处理在告诉的对象上不应仅限于告诉权人向人民法院告诉，尽管有学者指出，"告诉"不应包括"控告"，而只能是指"起诉"，但笔者认为，这样的限制解释并不妥当，这样不利于刑法发挥保护社会的机能。"告诉才处理"的程序设置是为了强化被害人在刑事诉讼中的地位或者意愿，也就是说被害人愿意"告诉"的，才能追究行为人的刑事责任，如果行为人不愿意"告诉"的，则公安、司法机关不能越俎代庖，主动追究行为人的刑事责任。而至于行为人向哪里"告诉"则不应该做过多限制，只要行为人向公安、检察院、法院等司法机关提出控告，就表明行为人具有"告诉"意愿，就应该从立案、取证、支持公诉等方面全面保护受侵害的法益。

📖 自诉转公诉正当性的实体与程序双重考察*

李 勇**

观点摘要：自诉转公诉在实体和程序上均具有正当性，在程序操作上，被害人在检察机关决定提起公诉时自行撤回起诉，即检察机关应在被害人撤回起诉后才能提起公诉，并将这种裁判规则以指导性案例的形式进行固化，为同类案件提供操作指引。

一、实体正当性分析

根据刑法第246条的规定，诽谤罪原则上属于"告诉才处理"的自诉案件，但是特定情况下，即严重危害社会秩序和国家利益的，也可以转为公诉案件。因此，从实体法角度来说，自诉转公诉具有法律依据。

从实质解释的角度来说，诽谤罪保护的是个人的人格法益，属于个人专属法益。因为属于侵害私人法益的轻罪，加之该罪通常发生于熟人、亲朋、邻里之间，所以立法上将其设定为"告诉才处理"。但是当诽谤行为

---

* 本文摘自微信公众号《浙江检察》2020年12月30日。
** 李勇，江苏省南京市建邺区人民检察院副检察长，全国检察业务专家。

自诉转公诉的"庭前幕后":浙江余杭网络诽谤案

侵害的法益"溢出"个人专属领域之外,而侵害到国家法益和社会秩序等集体法益的时候,就可能引发公诉权的启动。因此,刑法第246条第2款将"严重危害社会秩序和国家利益"作为诽谤罪自诉转公诉的法定条件。

如何理解"严重危害社会秩序和国家利益"?本案是否符合这一条件呢?《网络诽谤解释》规定了七种严重危害社会秩序和国家利益的情形,本案可以适用的只有第7项的兜底条款,即"其他严重危害社会秩序"。司法实践中,兜底条款的适用是极其慎重的,但是本案并非适用的是刑法的兜底条款,而是司法解释的兜底条款。司法解释本来就是对刑法条文的解释而非对刑法条文的修改。因此,能否适用该司法解释的兜底条款必须回到刑法条文本身的解释上。笔者认为,本案适用该司法解释的兜底条款具有正当性。我们需要结合网络社会的特征和刑法第246条第2款的实质内涵来理解"其他严重危害社会秩序"。

我们已经进入web3.0时代[①],网络社会被赋予社会意义,成为人类生存、生活、生产实实在在的现实场域。通过网络实施诽谤行为,对个人和社会所造成的损害不是"虚拟"的,而是"实实在在"的。由于网络社会具有开放性、快捷性等特点,网络犯罪的行为与后果呈现出海量化的扩散和繁殖效应。诽谤的流言蜚语借助网络甚至能够"杀人于无形","社会性死亡"这一网络词语的出现可谓是这种严重危害性的生动写照,给网络传播真实、合法的有序状态造成严重损害,而网络秩序是社会秩序的重要组成部分,必然会侵害社会秩序。更为重要的是,本案的被害人与行为人素

[①] 参见刘艳红:《Web3.0时代网络犯罪的代际特征及刑法应对》,载《环球法律评论》2020年第5期。

不相识，仅仅下楼拿一个快递就被犯罪分子命中，此案的被害人对于行为人来说是不特定的，这种"隔墙扔砖头砸到谁是谁"的不特定性，会导致网络时代人人自危，缺乏安全感，这恰恰就是一种秩序法益。上述两个方面叠加，导致此案侵害的法益已经从个人法益领域步入社会秩序这一集体法益领域。这样就在本质上符合了刑法第246条第2款规定的"严重危害社会秩序"，也自然就符合司法解释中的"其他严重危害社会秩序"。

二、程序正当性分析

（一）检察机关建议公安机关立案侦查合理、合法

检察机关是国家的法律监督机关，具有侦查监督的职能。就本案而言，检察机关发现此案可能"严重危害社会秩序"，有权监督公安机关立案侦查。德国刑事诉讼法第377条也有类似规定，即当法院认为应由检察机关来进行追诉时，则应将卷宗移交给检察官。需要特别指出的是，检察机关此时并没有提起公诉，只是建议公安机关立案侦查，因此，并不存在同一事实既有自诉又有公诉的问题。就此阶段而言，并不存在违背"禁止双重危险"原则的问题。

（二）公诉程序启动，自诉程序应当停止

就同一事实而言，审判机关不能两次受理，也不能两次同步审理，这是"禁止双重危险"的内在要求。我国台湾地区"刑事诉讼法"第303条规定，已经提起公诉或自诉之案件，在同一法院重新起诉者，法院不予受理。至于有学者提出，公诉程序自动"吸收""合并"自诉，是值得商榷的。自诉与公诉既非并列关系也非补充关系，不存在"吸收"与"合并"问题。正如林钰雄教授所言"犯罪之被害人就同一案件，固分别有告诉及

自诉之权,然二者应互相消长,不得同时行使"。理论上来说,被害人的自诉权,与检察机关的公诉权一样,都是可以撤回的。通说认为,撤回后自诉人不可再行起诉,这是基于"一事不再理"原则的考量,但并不意味着检察机关不可以提起公诉。因此,被告人自诉后又撤回起诉的,检察机关如果认为案件涉及国家和公共利益,就可以启动公诉程序。

因此,笔者认为,目前比较可行的做法是,被害人在检察机关决定提起公诉时自行撤回起诉。换言之,检察机关应该在被害人撤回自诉后才能提起公诉,不能说检察机关不顾被害人的自诉权直接提起公诉,就必然把已经启动的自诉程序"合并"或"吸收"。

三、实体与程序一体化展望与建议

刑事一体化真正走向深入,应当从刑事实体与程序的深度融合开始。刑事领域的具体法律争端和实践问题都是实体与程序相互交织的,刑事一体化的研究应当从宏观叙事转向微观命题,从理论建构转向具体解释。[①]此案深刻反映出实体与程序在立法上的脱节。刑法第246条规定了自诉转公诉的条件,但刑事诉讼法并没有将这实体性的规定落实在程序操作中。这个漏洞如何弥补?立法填补无疑是一劳永逸的,但是司法办案不可能无限期地等待立法,可行的路径是通过个案确定裁判规则,并将这种裁判规则以指导性案例的形式进行固化,形成普遍适用的规制,为同类案件提供操作指引。

---

① 参见李勇:《跨越实体与程序的鸿沟——刑事一体化走向深入的第一步》,载《法治现代化研究》2020年第1期。

民法典时代名誉权的刑事保护*

■ 福建壶兰律师事务所主任　吴国章

一、现有自诉程序不足以有效保护名誉侵权案件

（一）名誉权的特别保护

1.从个体层面看，名誉权的保护需求系数明显提升

马斯洛的需求层次理论认为，人类需求由生理需求、安全需求、归属需求、尊重需求、自我实现需求五个等级构成，尊重需求是较高级别的需求。在我国全面进入小康社会的今天，人们关心的不再是较低层次的需求，而是追求更高层次的尊重需求、自我实现的需求等。作为尊重需求主要内容的名誉权及其保护，则是当下尤其是网络时代下个体最为敏感的人格权内容。

2.从国家层面看，《民法典》对名誉权作了特别保护

如果说《法国民法典》《德国民法典》是建立在以物为本的价值理念

---

*　本部分发言摘录于中国政法大学国家法律援助研究院《刑事法学研究》专栏——"热点疑难案例研讨"第四期。

上，其特点是重物轻人，那么我国《民法典》是建立在以人为本的价值理念上，其特点是重人轻物，将人格权作特别保护独立成编。正如王利明教授所言，"人格权独立成编是我国民法典的创新之一和最大亮点，也为世界各国有效应对人格权保护问题提供了中国经验和中国方案"。在民法典背景下，学者开始呼吁刑法与民法典的协调配套问题，民法要扩张，刑法也要扩张，因为没有刑法的扩张与跟进，民法典所保护的民事权利是一纸空文。

（二）自诉救济面临的现实困境

侵犯名誉权如果达到情节严重的，则构成诽谤罪。但是诽谤罪属于告诉才处理的案件，被害人只能通过自诉程序追究被告人的刑事责任。而自诉程序明显无法有效惩处名誉权侵权的刑事案件。

1.自诉救济与权利保护的紧张关系

在民法典中，法律将人格权作为公民的主要权利进行主张，体现以人为本的立法理念。但是，在刑法保护方面，比如对于侵犯名誉权的侮辱罪、诽谤罪，却作为自诉案件处理，似乎刑法对此类犯罪案件未予以应有的关注。在网络信息时代，名誉侵权案件造成的后果不仅仅是被害人个人的"社会性死亡"，而且还往往因此引发家庭破裂、朋友圈紧张等社会后果，所造成的法益损害已完全超越个人范围，不是个人可以处分的问题。民法上的"重"主张，即举重若重，而刑法上是"轻"保护，即举轻若轻，两者存在法律体系上的失调，处于紧张关系之中。

2.自诉救济的现实困境

（1）自诉程序启动问题。自诉程序的条款同之前的正当防卫条款一样，几乎属于僵尸条款，理论界与实务界几乎无人问津，在实践中如何运行自诉条款存在各种障碍，诉讼效果非常微弱。希望通过本次案例讨论，能够激活自诉程序条款。

（2）取证与证明难的问题。第一，诽谤罪属于结果犯，由被害人就犯罪过程和犯罪结果进行取证举证，在法律技术上几乎无法逾越。第二，在网络名誉侵权案件中，被害人举证的难度更大。比如在本案中，被害人起码就以下电子证据进行举证：微信群中传播的视频源是谁？视频源微信号的主体身份是谁？视频点击量多少，是否达到刑事立案标准？多少人对该视频进行了转发？对这些电子证据的取证，需要微信服务提供商协助调查，作为个人是根本无法完成取证的。第三，证明难的问题。根据刑事诉讼法的规定，自诉案件的证明标准同公诉案件一样，要达到确实充分的标准，按实务经验，起码就构罪四要件进行举证，而对被告人的主观要件，自诉人根本无法完成举证，法院也往往以此拒不立案或判决被告人无罪。我们可以检索，自诉案件的无罪率远超公诉案件，根本原因在于自诉人举证难证明难。本案中，谷女士自诉案件虽然已经立案，但是不等于谷女士必定胜诉，因为立案之后法院仍需审查，经审查认为罪证不足的，可以要求谷女士补充证据直至裁定驳回起诉。

基于以上考虑，必须探索自诉以外的刑事救济模式。

二、自诉直接转公诉的论罪模式

（一）目前程序转换的规范瓶颈

对于告诉才论的刑事案件，目前法律规范也规定转换公诉程序的两种情形：第一种是刑法第98条的规定，即如果被害人因受到强制、威吓无法告诉的，人民检察院才可以代为告诉；第二种情形是刑法第246条的规定，即侮辱、诽谤行为严重危害社会秩序和国家利益的，可以作为公诉案件论处。而且，对于何为严重危害社会秩序和国家利益的，司法解释作了苛刻的界定。所以，于普通的刑事自诉案件而言，通过现有法律规制转换成公诉案件几乎是不可能的。

（二）借鉴德国的转换模式

德国刑事诉讼法第377条第2款规定，对于被害人提起诉讼的案件，只要检察机关认为符合公共利益时就有权力且有义务接管该案件，使其转换为公诉案件。而且，对于何谓符合公共利益，是一个自由裁量的判断。因此，大部分自诉案件有可能通过转换程序而转为公诉案件。

三、自诉被吸纳为公诉的论罪模式

所谓自诉案件被吸纳为公诉案件，是指直接由刑法作出调整规定，将部分特定的告诉才论的案件转为公诉案件，以实现对法益的切实的保护。

（一）从刑法理念看，如何理解刑法谦抑性

前面我们提到了对名誉权的保护，必须以刑法切入进行保护。那么有人认为刑法保护名誉权是否与刑法的谦抑性相冲突。学者主张民法要扩张，刑法要谦抑。但如何理解刑法的谦抑性？

有学者认为，刑法的谦抑性不是指刑法适用范围的退让，不是指退刑还民，而是从两个方面来理解：一是指刑法要从重刑向轻刑转变；二是指针对行政犯而言，因为行政犯是对社会、国家犯罪，根据国家包容性原则，允许行政责任优先救济。纵观当今世界法治国家，刑法无不呈现扩张趋势，比如在日本，将随地吐痰、随地扔烟头等行为都作为轻罪入刑，而这些行为在我国甚至连治安处罚的标准都没有达到。

其实，在我国，近年来刑法也往轻罪化方向发展。刑法修正案八、

九、十就体现了轻罪化趋势,尤其是醉驾入刑,基本是轻罪化的标志性事件。因此,刑法的发展趋势是罪名与民法协调化、罪名与法律体系的体系化,罪名由疏而不漏向密而不漏转变,向密而不严、严而不厉方向转变。

(二)从犯罪治理体系看,将部分自诉案件纳入公诉范围并作轻罪化处理,有利于完善犯罪治理体系

1.构建轻罪治理制度,完善犯罪治理体系。轻罪是介于刑罚和行政处罚之间的一种处罚,既是一种缓冲带,也是构建合理犯罪治理体系的必然需要。如果没有轻罪治理制度,就体现了刑罚与行政处罚之间非此即彼的极端的两极处罚机制,是违背社会文明发展进程的。

2.将自诉案件作为轻罪案件纳入轻罪治理范围,并按照公诉程序进行,以实现对被害人的有效保护。

■ 北京尚权律师事务所律师 刘祚良

我简单谈一下这个案件有没有可能从自诉案件转为公诉案件这个问题。这里面的法律规定其实是比较简单的,而且也应该说是比较明确的。那么其实主要可以探讨的是本案能否援引刑法第246条第2款的规定,即本案到底是不是属于"严重危害社会秩序和国家利益"的案件。其他的情形当然都是纯自诉了,只是说这个案件可不可能属于是应当公诉的这种情况。

那么关于什么是"严重危害社会秩序和国家利益",《网络诽谤解释》明确规定了七种情形。我们初步去套前面六种,其实看着应该都不符合,比如说有没有引发群体性事件,这个在本案中应该说是没有的。再比如是

否"引发公共秩序混乱",本案也很难说达到了引发公共秩序混乱的程度,尤其是"混乱"很难认定。那其实关键的就是最后一款,即是不是属于"其他严重危害社会秩序和国家利益"的情形。

如果说这个案子有从自诉转为公诉的空间,可能最关键的就是能不能适用这一个情形,这个问题可能是需要我们探讨的。那就涉及"其他严重危害社会秩序和国家利益"怎么理解的问题了。其实刑法当中有非常多的这种兜底性的条款,关于这种条款怎么去理解,有非常多的学术研究,包括每个人可能都有不同的观点,但是总体来说还是要回归到法律规定的原文当中去。

对于这种兜底性条款,一般来说,应该是要结合前面的这几种具体的情形,按照"相当性"去进行整体解释、判断。如果是按照这样的标准的话,可能本案就很难符合这一条款了。但这只是一个初步判断,我们可以做一个尝试,就是去讨论这个案子到现在到底符不符合这种情形。

再一个就是这个条款的内部行文结构怎么去理解的问题。这个条款在"社会秩序""国家利益"之间用的是"和"字。那么是不是要同时危害到社会秩序和国家利益的时候,才能够属于这一款的情形,还是只要严重危害了社会秩序,或者严重危害了国家利益,就符合了这样一种转公诉的条件?这个是我们需要考虑的。当然,关于这个问题,我也看了一下,其实学者们也有不同的见解,而且法律在这一块其实也不太明确。

就我个人的理解的话,这里面社会秩序和国家利益,它并不是必须同时具备,也就是说自诉转公诉的这种案件,它不是必须同时危害到社会秩序和国家利益。因为社会秩序和国家利益这两者正常来说它们从正常语义上来看是截然不同的。社会秩序是社会秩序,国家利益是国家利益。既然刑法条文把它们并列开来,就意味着这两个词语或者事物在法律上就是有区别的。它们俩可能会有交叉，但是它们区分的面还是挺大的。

另外，刑法分则条文中也有非常多的这种以"和"字相连接但并不要求同时具备的情形。所以无论是从条款本身的行文结构还是整个刑法分则的条文设置来看，认定为不需要同时危害到社会秩序和国家利益是不存在障碍的。

这个案子里"国家利益"显然不存在，不需要过多讨论，那么这个案件里面可能要探讨的，它是不是严重危害了社会秩序呢？对于这个问题，我觉得我们首先要秉持的一个观点就是肯定不能无限的去扩大，肯定要做一个严谨的解释。这个案子是不是符合"严重危害社会秩序"，我个人的意见可能是还不符合。因为它必须要跟前面的这几种具体情形是相当的，但是这个案子到现在可能还没有办法足以体现这种相当性。

我们可以尝试从其他的角度去考虑这个问题。我们回过头来看这个案件的情形就是，一个很普通的女子，她去取一个快递，被旁边一个完全不认识的人录了视频，在网上编辑这样的一个图文信息，然后转发出去，造成了尤其是对她本人来讲是这么大的伤害。当然社会也非常关注，她本人被辞退，连续几个月找不到工作，社会评价受到严重负面影响，这种负面影响甚至可以说是不可逆的。对个体来说，这个法益侵害性是非常大的。当然，对个体的影响不是自诉转公诉的理由。

但是，换个这个角度来讲，我们一个很普通的公民，在一个很普通很生活化的场合，被一个完全不认识的人，编造出了这样的一个谎言，然后对这里面这个人的生活产生了这么大的影响。而这个人又是完全不特定的，虽然这事儿发生在她身上，但其实从受害者完全不特定的角度来说，这个案子完全有可能发生在任何一个普通人身上。那么这种情况是不是可以理解为对我们的正常生活安宁造成了极大威胁，危害了我们的社会秩序？这是我们可以考虑的第一个方面。

第二个方面，其实我们办的很多案件，比如说涉黑涉恶、寻衅滋事、聚众扰乱社会秩序，这里面都有讨论到社会秩序的问题。这个问题其实在理论、实践当中也有非常大的争议。小范围内的生活、工作秩序是不是属于社会秩序的一个面？有很多案件它能判，寻衅滋事里面能判，聚众扰乱社会秩序也能判。将个体的工作、生活秩序上升到社会秩序的例子其实并不少。

当然，这里面不同罪名之间的社会秩序有没有区别？可能有的会有，但总体上我觉得应该是相当的。就我个人来讲，我只是提出这么一个想法，并不是说一定能成型，也欢迎大家来讨论。我们可不可以考虑在这个案件当中，从严重危害社会秩序这个角度，去看能不能纳入到公诉的范围里面。这是我关于这个案子能否转公诉的一点意见。

■ 北京周泰律师事务所业务管理中心副主任　侯爱文

一、本案是利用网络进行的传统犯罪，社会危害性很大

（一）纯正和不纯正网络犯罪的区分

纯正的网络犯罪只能是网络形式的犯罪，为狭义网络犯罪。例如，针对计算机和计算机信息系统的犯罪，如破坏、非法侵入计算机信息系统罪等。

不纯正的网络犯罪可以是网络形式，也可以是非网络形式的犯罪，为广义的网络犯罪。换言之，就是利用计算机及网络进行传统犯罪，例如刑法第287条规定的盗窃、贪污、挪用、诈骗、诽谤、窃密等。按照行为本身性质进行定罪，本案就是利用网络进行的传统犯罪行为。

(二) 本案传播速度更快，范围更广，影响力更大

郎某某即涉案小区门口快递站帮顾客签收快递的人，谷女士是该小区业主，她与郎某某毫无交集，双方并不认识，没有矛盾。郎某某在她取快递的时候偷拍了视频，先是把偷拍的9秒钟视频发到人数近300的"车友群"里，其后又伙同他的哥们儿何某某针对这则偷拍视频进行了一系列的"臆想"和编造：何某某换上谷女士的微信头像和名字，假扮谷女士与郎某某在微信对话，编造谷女士已婚已育，主动邀请郎某某去酒店开房的聊天记录，还编造诸多不堪入目的细节。这段聊天记录及偷拍视频短时间内在微信群里被大量转发，引起热议。郎某某和何某某的行为让谷女士一个未婚未育的女孩变成了别人眼中道德败坏的渣女。

郎某某编造的聊天记录已经传到国内外的很多城市，谷女士甚至会收到国外发来的辱骂私信，给其生活带来诸多困扰。谷女士还因为这件事被公司劝退，她尝试着找新工作，却总吃闭门羹。她的男友为陪她处理这件事，也辞了工作。不可避免地，两人的生活轨道因为这事而急速偏航。事情发生一个月后，谷女士被诊断为处于抑郁状态。

郎某某和何某某却认为他们不过是开个玩笑，对自己的行为造成的诸多伤害避重就轻，即使道歉也是讨价还价，而且在录道歉视频时还戴着口罩和眼镜，毫无真诚后悔的态度。

二、目前刑事立法规范对个人名誉权法益保护不够

立法已开始关注网络犯罪的危害性，相关司法解释完善了立案标准，

但对个人名誉权的保护仍不够。

1.刑法第221条损害商业信誉、商品声誉罪规定：捏造并散布虚伪事实，损害他人的商业信誉、商品声誉，给他人造成重大损失或者有其他严重情节的，处二年以下有期徒刑或者拘役，并处或者单处罚金。

其追诉标准是：给他人造成直接经济损失数额在50万元以上的；虽未达到上述数额标准，但具有下列情形之一的：（1）利用互联网或者其他媒体公开损害他人商业信誉、商品声誉的；（2）造成公司、企业等单位停业、停产6个月以上或者破产的；其他给他人造成重大损失或者有其他严重情节的。

因此，可以说，利用互联网等公开损害信誉、声誉的，可以构罪，非常清晰，但目前对个人名誉权保护并不够。

2.《网络诽谤解释》第3条规定：利用信息网络诽谤他人，具有下列情形之一的，应当认定为刑法第246条第2款规定的"严重危害社会秩序和国家利益"：（1）引发群体性事件的；（2）引发公共秩序混乱的；（3）引发民族、宗教冲突的；（4）诽谤多人，造成恶劣社会影响的；（5）损害国家形象，严重危害国家利益的；（6）造成恶劣国际影响的；（7）其他严重危害社会秩序和国家利益的情形。但是这一解释还是比较抽象、概括，实际操作有一定难度。

名誉权，是对公民人格权的保护。根据马斯洛需求层次理论，"被尊重的需要"是人的第四层次的需要，非常重要。我国已经全面进入小康社会，公民对"被尊重的需要"愈发强烈。而如今名誉权侵害案件频发，尤其是网络侵害案件，但侵害者却得不到应有惩罚。本案中，事发4个月，郎某某和何某某都没有向谷女士道歉，这样的案例发酵下去，侵害名誉权的低成本与低惩罚会造成更多更恶劣的影响。因此，国家亟须强化对公民名誉权的保护。

3.目前，本案只能走自诉，但自诉案件立案难、取证难、定罪难。刑法第246条前两款规定："以暴力或者其他方法公然侮辱他人或者捏造事实诽谤他人，情节严重的，处三年以下有期徒刑、拘役、管制或者剥夺政治权利。前款罪，告诉的才处理，但是严重危害社会秩序和国家利益的除外。"《网络诽谤解释》第2条规定：利用信息网络诽谤他人，具有下列情形之一的，应当认定为刑法第246条第1款规定的"情节严重"：（1）同一诽谤信息实际被点击、浏览次数达到5000次以上，或者被转发次数达到500次以上的；（2）造成被害人或者其近亲属精神失常、自残、自杀等严重后果的；（3）二年内曾因诽谤受过行政处罚，又诽谤他人的；（4）其他情节严重的情形。根据上述规定，我认为该案件还是属于自诉案件的可能性大一些。

4.目前，本案定寻衅滋事罪或故意伤害罪也有一定问题。刚才，其他法律人也提到了本案如果定寻衅滋事罪，在构成上有障碍。而故意伤害方面，也是注重身体方面的伤害，欠缺精神方面的规定。例如本案被告人造成了谷女士处于抑郁状态，但想要定其故意伤害罪，难度还是很大的。

三、如何加强国家对公民名誉权的保护

（一）刑法应跟进民法典对人格权的保护，与其配套

纯自诉刑事案件面临很多困境，如果不能得到解决，自诉就成了僵尸条款，被束之高阁，形同虚设。

本案网络诽谤行为造成的是谷女士个人生活工作完全失控，甚至出现了"社会性死亡"，其影响不容小觑。因此，如果施害方不能被适当追责，会让

更多的人觉得社会安全感大大降低，还会滋生更多的郎某某、何某某。之前有律师也提到，本案可以让公安机关介入搜查证据，这个是很有道理的。

（二）可以考虑公益诉讼

公益诉讼是指特定的国家机关和相关的组织和个人，根据法律的授权，对违反法律法规，侵犯国家利益、社会利益或特定的他人利益的行为，向法院起诉，由法院依法追究法律责任的活动。

例如，在北京，就出台了文件，提出要完善检察公益诉讼工作的格局，明确提出要拓展公益诉讼案件的范围，积极、稳妥地办理安全生产案，公共卫生、个人信息保护等领域的公益损害案件。

就本案而言，前述不法甚至犯罪行为发生后，一开始谷女士还被蒙在鼓里，到后来才知道的，因此，其不利影响扩散时间很长、扩散面很广，因此，这两个人的行为是对整个网络秩序和不特定人的损害，如果放任下去，可能会造成更多人的效仿，所以，此案进行公益诉讼，是有一定的诉的利益和诉讼价值的。

（三）可以考虑轻刑入罪

刑法应体现谦抑性，但从犯罪治理体系来看，符合其体系完善需求，轻罪能构成缓冲带作用的，是可以纳入其内的。像侵害名誉的诽谤罪社会影响很大，朋友圈、熟人都会知道，一旦发布出去很难澄清，工作生活会受到极大的影响，寸步难行。尤其对于年轻人，心理承受力、社会经验不够，可能对以后的生活造成难以弥补的负面影响。

我国这几年的刑法修正案注重对有普遍社会危害的轻刑入罪，如危险驾驶罪等，《刑法修正案（十一）》中高空抛物及有关安全生产方面纳入刑事犯罪就是因为这种行为有普遍的危险性和社会危害性，需要予以及时、严格的惩治，以提高大家的守法意识，在源头上避免更严重更广泛的危害结果的发生。所以我认为，本案应该纳入刑事犯罪追责。

四、关于互联网监管

网络犯罪现在越来越多，我想起之前有个典型的案例，即深圳快播有限公司传播淫秽物品牟利案件。其实，快播公司的缓存器只起了辅助作用或者是没有履行企业监管职责，但被追究了刑事责任。而那些上传淫秽视频的"站长"却没有被追究刑事责任。本案也是郎某某、何某某上传视频、编造种种减损他人名誉的所谓的事实，也应当从源头上予以切断。

给网络上传视频是要求有真实性和合法性的，因此，应当强化对微信群、朋友圈上传、散布不当、恶意视频的监管。尤其本案传播内容低俗，又可能损害他人名誉或者侵犯他人隐私权。

五、本案证据搜集的一个关键点——以日本福田案为例

关于证据材料的搜集，我想到的一个关键点是：行为人当时为什么要编造这些内容，然后往外传视频，要注重这方面证据的搜集。

更重要的是，我们可以搜集一些客观细节来分析他们主观上是怎么想的。尤其是，当他们知道这个事儿发酵以后、造成不好影响以后，有没有去制止。当他们知道这个不属实的消息给别人带来那么大的伤害，而且经过那么多的发酵，有了那么多的点击后，他们又做了什么？他们有没有采取措施消除影响或者弥补损失。

也很重要的是，当被害人找到他们的时候，他们的态度是什么样的。在本案中，我们可以看到，郎某某、何某某没有主动向谷女士道歉，而他

们就在同一个小区。而且，他们已经知道其行为给被害人造成了那么大的伤害，在被害人要求进行视频道歉时，还一再讨价还价，戴着口罩和帽子，显然不够真诚，没有忏悔。这些也是证据搜集的重点。

其实，行为人行为后的态度是能体现出他行为时的主观方面的，能体现出他是否具有主观恶性。比较典型的就是日本的福田案件。该案的未成年人过了10年以后仍然被处决。未成年人不判死刑基本上是国际上通行的，但该案行为人入室强奸了一个妇女，不仅杀害了那个妇女，还把那个妇女身边的孩子，可能才几个月大，也给残忍地杀死了。当时没有执行死刑，但过了10年后，发现这个未成年人并没有悔改的意思，甚至其言语依然在挑战社会公德，因此，最后被执行了极刑。

■ 山东求知律师事务所合伙人、副主任　刘栋

本案涉及民法范畴名誉权侵权的构成自不待言，是否构成诽谤罪也非常清楚。构成本罪在刑法第246条有规定，诽谤程度必须是"情节严重"，那么，什么样的情形才能达到情节严重的程度呢？2013年《网络诽谤解释》第2条第1款具体明确了"同一诽谤信息实际被点击、浏览次数达到五千次以上，或者被转发次数达到五百次以上的"。从本案具体情况来看，无论点击率还是转发次数，都达到了情节严重的层面，因而入罪不容置疑。由此，自诉也就具有了事实上的根据，所以，如果自诉人在证据搜集及程序的把握上做好了充分的准备，那么，维权也就拭目以待了，这是自诉程序上的法律救济途径。

问题是，类似这样的案件，仅仅只能在自诉程序方面进行诉讼活动吗？能不能转为公诉？自诉人能不能获得公权力的加持？从而更加有力地实现维权的目的，这是值得法律人所考量的。

当下的法律语境及相关规定，泛泛而谈，相对本案，只能自诉不能公诉，在法律的技术层面上，这样的结论似乎顺理成章，因为刑法第246条第1款很明确，情节严重的，告诉才处理，只有具备本条但书"严重危害社会秩序和国家利益的除外"的情形，才能公诉。什么是"严重危害社会秩序和国家利益"呢？刚才所引用的2013年《网络诽谤解释》第3条有具体明确的规定，利用信息网络诽谤他人，具有下列情形之一的，应当认定为刑法第246条第2款规定的"严重危害社会秩序和国家利益"，列举的七种情形分别是：引发群体性事件的；引发公共秩序混乱的；引发民族、宗教冲突的；诽谤多人，造成恶劣社会影响的；损害国家形象，严重危害国家利益的；造成恶劣国际影响的；其他严重危害社会秩序和国家利益的情形。其中第七种是兜底条款。具体本案，除第2款"引发公共秩序混乱"之外，其他条款关联性都不大，各条款相互之间也不具有相容性，暂且不论，单就这一款如何理解与适用展开说一下。

一、公共秩序与网络秩序的关系

公共秩序等同于社会秩序，一言以蔽之，就是为维护社会公共生活所必需的秩序，主要包括社会管理秩序、生产秩序、工作秩序、交通秩序和公共场所等秩序。这是从传统的社会学范畴来谈的，从逻辑而论，公共秩序与所列的各分项秩序是属种关系，是上下位关系。

网络秩序是不是公共秩序的种概念，递进一步说，网络空间是不是公共场所？我个人认为，现代社会的表现形态是多元的，同时也是多层的，这里的多层是指现实社会与虚拟社会，物理空间与网络空间，或者说是双层社会，它们是衔接的、互动的、也是并列的，应当认为具有一体性，所以网络秩序应当包含在公共秩序属概念中，网络空间也应该视为公共场所。其实从2013年《网络诽谤解释》的出台，就释放了这样一个信号，估计，"两高"也关注到网络空间是现实社会的延伸，虽然网络空间具有虚拟、隐蔽、间接、低门槛特点，但终归属于社会公共空间的范畴。网络空间中的犯罪渐为多发、猖獗，同时它的隐匿、可变与可毁性难以套用传统标准进行解释，因此，为充分保障网络秩序的稳定与健康发展，必须对网络空间中的"秩序"加大关注和予以现实性阐释，同时给予整体性的全面保护，为此出台了《网络诽谤解释》。

该《网络诽谤解释》试图将网络空间视为"公共场所"，进而制裁在网络空间中实施的捏造事实、诽谤他人等犯罪行为。这一思路是《网络诽谤解释》的创新和贡献，非常难得，本人观点也有赖于这个解释的支撑。但是，未免尴尬的是，《网络诽谤解释》中的第3条所列七种情形，缺乏可操作性的定量标准，就好比有了战略规划，而计划与方案没有跟进，又进入了传统的规范模式，这样的规范类型往往在司法实务中会造成执行上的迷失，导致自由裁量的任意发挥。

如果说我们坚守传统刑法理念，坚持罪刑法定原则是"不忘初心"的话，那么，应合时代的要求，对相应的刑法条文进行扩张解释，就是"与时俱进"了。起码，司法解释的功能是具体、明确，富有指导性、可操作性，如果当下乃至将来，针对《网络诽谤解释》再进行解释，再细致地把七种情形进行量化，我想，司法实践就不会产生混乱与任性的现象了。

但是！问题的发现往往是在转折上，如果我们把网络空间视为公共场所，而公共场所又是公共秩序的种概念，公共场所的混乱是公共秩序混乱的表现形式之一，网络秩序的混乱的认定也就有法可依了，始山重水复，终柳暗花明，剩下的就是"混乱"如何认定了。

二、"引发公共秩序混乱"的认定问题

刚才已经说过，公共秩序比较空泛，而"混乱"又难以量化。如果自诉转公诉，首先一道门槛就是是否达到刑法第246条第2款的但书"严重影响社会秩序和国家利益"层面。按《网络诽谤解释》第3条第2款所规定的"引发公共秩序混乱"。这两个条文如何理解？如何把握？我看《网络诽谤解释》本身对刑法条文并没有进行纵深说明，因为公共秩序与社会秩序概念相同，引发公共秩序混乱其实就是严重影响社会秩序，内涵相同，外延也类似，再说"混乱"一词也是模糊不清，还得需要给这个概念进行定义，如此，怎么操作？莫衷一是。也许我的说法只具备了批判精神而缺少了批判能力，但至少司法解释的具体、明确、指导性功能应在司法解释具体内容上体现出来。

话题转回如何认定"公共秩序混乱"上来，以上述论证，网络秩序也是公共秩序，但由于传统理念的根深蒂固，在看待这个问题上往往存在惯性思维。司法实践中，往往先认同犯罪行为可以发生在网络空间，但却不承认该行为后果的程度同样也是通过网络秩序予以评价，反而再次要求返回到现实社会中发生具体事件，而这个事件必须是达到"混乱"抑或是"冲突"的程度这一传统标准去评价网络空间的"公共秩序"是否达到了混乱，显然是一种以现实社会视角去解析"网络社会"现象的错位思维。

客观地讲，当前此种观点具有相当的普遍性，需要在理论上实现上述观点中提出的"双层社会"的有效贯通。只有这样，才能对网络的诽谤行为是否引起公共秩序混乱加以重视，从而明辨，最后认定。

网络秩序本身可以作为认定"公共秩序"是否严重混乱的标准，它不需要借助于物理空间的有形行为，如果物理空间也存在这种行为，就应当列为加重情节予以刑罚。在网络空间散布谣言，捏造事实，诽谤他人的行为本身就是破坏网络空间中的正常秩序，这个秩序，是国家监管的，是一般大众约定俗成认同的自由、高效、获取真实信息的秩序，人们对网络信息的预期和信赖一旦被弱化，那么网络空间就是一种无序与混乱，其公信力、政府形象、个人的私权利都不能得以保护，还奢谈什么网络秩序持续、高效、有序、健康发展呢？

所以，在定性上，只有正视"双层社会"的一体化命题，才能解决将"网络秩序"解释为"公共场所秩序"以及"公共场所秩序严重混乱"如何认定的问题。也就是说，伴随着传统诽谤犯罪在网络空间中的高发和异化，现行刑法既有犯罪的条款是完全可以予以容纳的，现行刑法诸条款面对的不是全新的犯罪行为和全新的增生法益，仅仅只是在网络空间中略显新颖的传统犯罪行为的另一种表现形式。对于既有刑法条款中的"公共场所秩序""社会秩序"等用语做出与时俱进的解释，完全可以实现对于网络空间中的犯罪制裁。

从历史发展看，对犯罪的追诉，在初期，由于犯罪往往被认为是侵害个人利益的行为，因而最主要的追诉方式是自诉，即由被害人直接向司法机关提出控告。随着国家对社会的控制能力不断增强，人们逐步认识到，犯罪不仅是对被害人个人利益的侵害，更是对国家秩序和整体社会利益的侵害。继而，追诉犯罪，由私人行使转变为一种国家公权力，即公诉。随着国家法制完善和对当事人权利的尊重，尤其是现代检察制度的创设，根据犯罪性质、社会危害程度等不同，逐渐形成公诉为主、自诉为辅的犯罪追诉方式，即对绝大多数案件由国家追诉，对少部分情节轻微案件交由被害人决定起诉与否，如德国、俄罗斯等，我国也是采取公诉为主、自诉为辅方式。当然，由于法律传统、诉讼模式等不同，有的国家采取由代表国家的检察机关垄断起诉，如日本、法国等，但被害人也并非对诉讼毫无影响。而在美国，采取检察官起诉为主兼采大陪审团起诉。英美法系国家对网络言论采取整体趋轻的防控模式，但是处理网络欺凌以及群体性诽谤等可能严重破坏社会秩序的特定情形，依然保留、采用刑事制裁的方式。大陆法系国家对网络言论采取严厉的刑法防控模式，但同时反面规定除罪事由，本章我们重点考察了德国、日本的相关法律制度。

德国相关法律制度

陈尔彦[*]

在德国，刑事诉讼的提起途径分为公诉与自诉。二者既非排斥关系，也非补充关系。对于自诉犯罪，在满足特定条件的情况下，检察机关既可以从一开始就介入并提起公诉，也可以在自诉人提起自诉之后接手诉讼。自诉转公诉的实体条件是个案中存在公共利益。对公共利益的认定，应从一般预防和特殊预防的基点出发，综合考虑行为的性质、行为人的人格以及行为人与被害人之间的关系等。公共利益的判断主体是法院还是检察院，理论上存在争议。主流观点认为，个案中究竟是否存在刑事追诉的公共利益，处于检察机关的裁量范围之内，法庭无权对此进行审查。检察机关在自诉案件的各个阶段均具有参与权。在判决生效之前，检察机关可通过明示声明的形式接手诉讼，此时自诉就转化为公诉，适用公诉案件的一般程序。德国司法实践对自诉转公诉在侮辱罪、伤害罪中的具体适用，总结出了一系列具有可操作性与参考价值的经验。

---

[*] 陈尔彦，北京大学法学博士、德国弗莱堡大学法学院博士研究生。

自诉转公诉的"庭前幕后":浙江余杭网络诽谤案

一、自诉的适用范围

在德国,刑事诉讼的提起途径可分为公诉(öffentliche Klage)与自诉(Privatklage)两种类型。在19世纪中后期之前,刑事诉讼只能由检察机关提起,此即所谓之公诉。但由于此种做法不足以充分保护被害人权益,故立法者在特定犯罪中,进一步赋予被害人以一般的辅助性的自诉权,使被害人得以在没有检察机关参与的情况下,自行将案件起诉到法院。对于自诉案件,仅在存在公共利益时,检察机关才得提起公诉。反之,若个案中不存在公共利益,检察机关则不得提起公诉。

起初,自诉的适用仅限于侮辱罪与身体伤害罪。此后,随着德国刑事立法的不断发展完善,自诉案件的范围也在不断扩张。根据德国刑事诉讼法第374条(本条最近一次修订于2021年4月2日)[①]的规定,可以由被害人或其他自诉权人提起自诉,而无须首先求诸检察机关的犯罪仅限于:1. 非法侵入住宅罪;2. 侮辱、恶言中伤、诽谤、对政治人物之中伤及诽谤、诋毁死者纪念罪(针对的对象为刑法第194条第4款之政治团体时除外);2a. 以摄影侵害最私密之生活领域及人格权罪;3. 妨害通信秘密罪;4. 伤害罪;5. 强制罪或恐吓罪;5a. 商业受贿或行贿罪;6. 故意毁坏财物罪;6a. 在醉酒状态下实施前列犯罪之轻罪;7. 反不正当竞争法第16条的犯罪和商业秘密保护法第23条的犯罪;8. 专利法第142条第1项,应用发明式样法第25条第1项,半导体保护法第10条第1项,品种权利保护法第39条第1项,商标法第143条第1项、第143a条第1项、第144条第1项和第2项,设计法第51

---

① G. v. 30.03.2021, BGBl, S. 448.

条第1项、第65条第1项，著作权法第106至108条、第108b条第1款和第2款，造型艺术及摄影作品著作权法第33条所规定之犯罪。

此外，如果在同一个犯罪事件中，既包含自诉犯罪也包含公诉犯罪，那么，自诉权人将不再享有自诉权。此时，只有检察机关才有权发动刑事追诉。

二、自诉与公诉的关系

从上文对自诉制度的介绍可以看出，自诉与公诉之间并非绝对的排斥关系，自诉也不是公诉的补充或救济程序。一方面，对于自诉犯罪，检察机关既可以从一开始就介入并提起公诉，也可以在自诉人提起自诉之后接手诉讼。也即，在一定条件下，自诉是可以向公诉转化的。另一方面，自诉权人可以自行提起自诉，而无须首先求诸检察机关、根据检察机关是否提起公诉来决定是否提起自诉。

关于自诉与公诉关系的最直接规范依据来自于刑事诉讼法第377条。这一条文确认了检察机关在自诉被提起之后的程序地位。根据该条的规定，在自诉程序中，检察机关没有参与的义务。在自诉人提起自诉之后，如果法院认为有必要由检察机关接手（Übernahme）追诉的工作，应当向检察机关呈交案卷。检察机关也可在判决生效之前的任何时点上，通过明示的声明（ausdrückliche Erklärung）来接手诉讼、取代自诉人的地位。

综上，在自诉案件中，检察机关有三种选择：一是放弃参与诉讼；二是在自诉程序之期日到场旁观；三是提起公诉。如果检察机关选择提起公诉，那么其既可以自始就提起公诉，如此一来自诉人即不得再行提起自诉；检察机关亦可在自诉人提起自诉之后，于自诉程序中接手诉讼，此时，该诉讼程序即转变为一般的诉讼程序，适用通常的刑事诉讼规则。①在这两种情形中，自诉人都将被排除于诉讼程序之外。而后一种情形——即德国刑事诉讼法中所谓的"检察机关接手诉讼"——也就是我国通称的"自诉转公诉"。

三、自诉转公诉的实体条件

（一）公共利益的判断标准

德国刑事诉讼法第376条规定，仅当自诉案件中存在公共利益时，检察机关才可提起公诉。因此，公共利益的存在是自诉转公诉的实体性根据。

检察机关在何种情形下才能认为个案中存在公共利益、并据此接手诉讼？这涉及对"公共利益"的解释问题。

1.刑事诉讼法第153条第1款中的"公共利益"

对此，首先可以考虑的是体系解释的方法。除第376条以外，"公共利益"这一概念同时也出现在德国刑事诉讼法第153条第1款关于"微罪不起诉"的规定中。该款规定："当刑事程序以轻罪为对象时，若认为行为人罪责轻微且不存在追诉之公共利益时，经管辖开启审判程序之法院同意，检察机关得不予追诉……"

但是，本款中的"公共利益"并不完全等同于自诉转公诉中涉及的"公共利益"。理由在于，首先，第153条第1款适用的是各种类型的犯罪，而第376条则仅适用于几种有限的自诉犯罪。②其次，在第376条所涉及的自诉犯罪中，提起公诉属于例外情形，而根据第153条第1款，提起公诉

---

① Vgl. Roxin/Schünemann, Strafverfahrensrecht, 29. Aufl., 2017, §63, Rn. 7, 25.

② Peters, in: MK-StPO, 1. Aufl., 2016, §153 Rn. 27.

是原则，不起诉才是例外。再次，两个条文的法律后果亦不相同。在自诉案件中，若不存在公共利益，被害人仍能选择通过自诉途径启动诉讼程序，而第153条第1款"微罪不起诉"的规定中则并未提供此种救济途径。最后，第153条第1款将"罪责轻微"与"不存在公共利益"相并列，这说明本款将与行为人罪责相关的要素排除在"公共利益"的判断之外。与之相对，第376条并没有类似规定，也即自诉犯罪中"公共利益"的判断可以包含对行为人罪责的考量。①

由此可见，自诉犯罪中"公共利益"的范围相对于第153条第1款"微罪不起诉"中的"公共利益"的范围更宽、涵盖的情形更多。② 例如，当犯罪行为由于行为人与被害人之间的关系而无法通过自诉渠道进行追诉时，便可能存在一个不包含在第153条第1款中，但同时却可依据第376条启动公诉程序的"公共利益"。因此，"微罪不起诉"中的"公共利益"与自诉犯罪中的"公共利益"并不是完全重合的，但前者的存在通常可以构成对后者的提示，在大多数情形下，二者具有相似的内涵。

2.《刑事诉讼与罚款程序指令》中的"公共利益"

由德国联邦司法部于1977年1月1日通过、2018年12月1日最新修订的《刑事诉讼与罚款程序指令》（RiStBv，以下简称为《指令》）第86条对自诉案件中的"公共利益"作出了更为一般性的规定："（1）一旦检察机关获悉一个可以通过自诉程序追诉的刑事犯罪，它即应审查是否存在官方追诉的公共利益。（2）通常来说，当被害人的生活领域之外的法和平也受到

---

① Magnus, Das "öffentliche Interesse" in §153 Abs. 1 StPO, GA 2012, S. 626.
② Vgl. Daimagüler, in: MK-StPO, 1. Aufl., 2019, §376, Rn. 3.

了侵扰，且对行为人进行刑事追诉构成了社会公众当前的一项关切时，案件中就存在公共利益，例如，考虑到法益损害的规模、犯罪行为的残酷性或危险性、行为人的种族主义、排外或其他仇视人类的动机、被害人在公共生活中的地位等。如果被害人生活领域之外的法和平并未受到侵扰，在下列情况中仍可能存在公共利益：当被害人与行为人之间存在私人关系，因此不能期待被害人提起自诉，且刑事追诉构成社会公众当前的一项关切时。（3）检察机关可以启动侦查程序，确认个案中是否存在公共利益。"

显然，《指令》第86条对"公共利益"的界定更多立足于一般预防的角度，更加侧重于社会公众的利益与需求，关注"刑事追诉是否构成社会公众当前的一项关切"。对此，需要注意的是，上述《指令》本身并不是法律，也不具有法律的特征和性质，而只是一项行政规定。它并不直接规制检察机关裁量权的行使，而只是为自诉案件中"公共利益"的解释提供一种参考根据。换言之，检察机关可据以提起公诉的"公共利益"并不限于《指令》中提到的几种具体情形。

3.学理上对"公共利益"判断标准的总结

根据德国学者的归纳，在判断是否存在公共利益时，通常需要综合考虑行为的性质、行为人的人格以及行为人与被害人之间的关系等。这是由上文提到的刑事诉讼法第376条与第153条第1款之间的部分重合关系，以及实体刑法的立法目的所共同决定的——如果基于一般预防和特殊预防的理由，贯彻实施实体刑法是有必要的，则也应当认为此时存在发动刑事追诉的公共利益。[1]

---

[1] Stöckel, in: KMR, 93. Aufl., 2019, §376, Rn. 3.

据此，同时参照前引《指令》第86条，可以得出如下更具体的对"公共利益"的判断标准：

（1）与行为相关的、基于一般预防的权衡。诸如法益损害的程度以及对法和平存在重大危险性的行为动机等，均可成为重要的考量因素。

（2）与行为人相关的、基于特殊预防的权衡。这通常可追溯至行为人明显的犯罪倾向以及再犯危险性上。

（3）此外，当自诉程序的特殊优势——例如发起和解与调解的机会等——在实际个案中并不存在时，也存在检察机关接手诉讼的空间。具体的情形包括：被害人相对于行为人在社会地位上处于劣势；被害人与行为人之间存在某种特殊的亲密关系或从属关系，以至于被害人根本不可能提起自诉；被害人基于某种事实上的理由，没有能力查明案情或收集必要的证据，等等。[①]

（二）公共利益的判断主体

在许多情况下，个案中是否存在公共利益，也即该案究竟属于自诉犯罪还是公诉犯罪，是存在争议的。当检察机关认为行为人的行为构成公诉犯罪或自诉犯罪与公诉犯罪的想象竞合，但法庭和自诉人却持相反意见时，这往往便会构成检察机关试图接手追诉的一项主要理由。[②] 此时，法庭是否能对检察机关的决定进行审查，进而推翻检察机关的决定，也即对"提起公诉的公共利益"进行司法控制？换句话说，公共利益最终的判断主体，究竟是法官还是检察官？这个问题在德国的理论与实务中，长期以

[①] Daimagüler, in: MK-StPO, 1. Aufl., 2019, §376, Rn. 2.

[②] Vgl. OLG Celle, NJW 1962, 1217.

来存在激烈争议。

有观点认为，恰恰是在检察机关认为存在公共利益，而法庭却认为不存在时，自诉转公诉是不被允许的；判断一个案件中是否存在公共利益的权力，不应仅掌握在检察机关手中。法官有义务审查个案中是否存在公共利益，以确认检察机关对自诉案件的接手是否正当、合理，是否符合刑事诉讼法第376条的规范目的。[1]因此，在案件性质存疑的情况下，检察机关必须等到法庭根据第389条第1款宣告终止自诉程序之后，才能重新启动公诉程序。这种观点的首要理由在于，法庭——而非检察官——才是诉讼程序的主导者。[2]

但是，德国学界与实务界的主流观点并不赞同上述看法，相反，通说认为法庭无权对检察机关的决定进行审查；个案中究竟是否存在刑事追诉的公共利益，处于检察机关的裁量范围之内。

一方面，从立法目的的角度看，立法者设立自诉转公诉制度的目的，恰恰是为了避免检察机关在自诉案件被受理之后，由于诉讼系属的障碍，而丧失提起公诉的可能性。况且，基于诉讼系属的原理及公诉与自诉的关系，如果由于某种特殊原因——例如检察机关不知道自诉人已经提起了自诉，检察机关和自诉人针对同一事件同时提起了公诉与自诉，公诉相对于自诉也始终处于优先地位，也即此时法院应当终止自诉程序，而无须考虑公诉与自诉事实上何者受理在先的问题。退一步说，即便否认公诉的优先性，诉讼系属也仅仅只能阻碍检察机关针对同一事实重新起诉，而不阻止

---

[1] Vgl. Husmann, Die Beleidigung und die Kontrolle des öffentlichen Interesses an der Strafverfolgung, MDR 1988, S. 728f.

[2] Vgl. Sternberg-Lieben, in: Schönke/Schröder, 30. Aufl., 2019, §230, Rn. 3.

其在自诉案件中接手诉讼。

另一方面，从检察机关在自诉程序中的地位和权力来看，一个案件究竟是否属于自诉犯罪，在自诉案件被受理时往往是不清楚的，因而需要在后续的诉讼过程中进一步查明。而查明这一点本身就属于检察机关诉讼权力的一部分。法庭在事实与法律上如何看待案件的性质，并不会对检察机关的诉讼权力发生影响。对于一个案件究竟是自诉犯罪还是公诉犯罪抑或二者的竞合，法庭与检察院完全可以有不同看法。但对于检察机关是否应当接手诉讼这一点，则仅仅取决于检察机关自己的看法。[①] 检察机关起诉公诉案件的权力，不能因为法官的错误判断而受到限制。这也是刑事诉讼法第377条第2款的题中应有之义。

上述理由无疑是颇具说服力的。据此，检察机关最终接手诉讼的实体根据是案件中存在公共利益。而个案中是否存在公共利益，并不受制于法官或自诉人的看法，属于检察机关自行决定的范围。在这一点存疑的情况下，也即尚不能确定自诉程序中是否包含一个公诉犯罪或牵涉到公共利益时，这恰恰构成了检察机关接手诉讼的最重要情形之一。

四、自诉转公诉的程序要求

（一）检察机关接手诉讼之前的参与权

如前所述，检察机关在自诉案件的各个阶段均具有参与权。因而，凡是对于查明"案件中是否确实存在公共利益"来说有必要的权力，均处于检察机关的权限范围内。故即便法院没有主动向检察机关呈交案卷（刑事

[①] Vgl. Hilger, in: Löwe/Rosenberg-StPO, Band 8, 26. Aufl., 2009, §374, Rn. 21, §377, Rn. 16.

诉讼法第377条第1款），检察机关依然有阅卷权。此外，检察机关还可以参加到审判程序中，主动提出必要的问题，以查明是否存在由检察机关接手案件的根据（即公共利益）。

但是，参与权并不等于实际已经接手了诉讼、开启了公诉程序。因此，在以明示的声明接手诉讼之前，检察机关没有请求权（Antragsrecht），也不能作出陈述。因为检察机关此时尚且不是诉讼参与人。

（二）检察机关接手诉讼的时点与方式

检察机关接手诉讼可以发生在判决生效之前的任何阶段，但接手必须以明示声明的形式作出。接手无须经过自诉人的同意，甚至可以违背自诉人明确表达的意愿。

从诉讼程序的阶段来看，在法院受理案件之前检察机关就直接提起公诉的，不属于自诉转公诉，而是直接根据刑事诉讼法第376条提起的公诉。也即，这种情况下一开始启动的就是公诉程序，而不存在一个由自诉向公诉转化的、检察机关"接手"诉讼的程序。

在法院受理案件后、作出启动审判程序的裁定之前，检察机关应通过提请启动审判程序的方式接手诉讼。

在法院作出启动审判程序的裁定之后，检察机关通常应在审判程序中，以书面或口头的方式接手诉讼，且这种接手声明应当被记入笔录中。检察机关无须出具一份自己的起诉书，但是，其接手声明的内容通常应符合刑事诉讼法第200条关于起诉书形式要件的规定。[①] 此外，根据第377条第2款第2句的规定，检察机关提起救济本身就包含了声明接手

---

① Daimagüler, in: MK-StPO, 1. Aufl., 2019, §377, Rn. 4.

诉讼。

在裁判生效以后，检察机关即不再有权接手诉讼。在再审程序中也不存在自诉转公诉的空间。

此外，在审理自诉案件的过程中，当法院认为有必要由检察机关接手诉讼，则法院应将案卷呈交给检察机关，由检察机关决定是否接手诉讼。

（三）检察机关接手诉讼的法律后果

在检察机关声明接手诉讼后，自诉案件就转化为公诉案件，适用关于公诉案件的程序规定。在审判程序启动之后，检察机关就不能再放弃追诉。需要注意的是，检察机关此时不得放弃追诉，不等于检察机关在审判程序启动后，就不能重新作出"案件中不存在公共利益"的决定、不能自行推翻对"公共利益"的认定。换句话说，一个最初被肯定的公共利益，在审判程序启动之后，甚至在上诉阶段，都有可能再次被推翻。此时，如果自诉人并没有提起自诉，那么法庭应当终止诉讼程序。[1]

在检察机关接手诉讼之后，自诉人就从诉讼中被排除出去，失去了其作为自诉人的法律地位。他当然也无须缴纳仅适用于自诉人的担保费用和诉讼费。并且，他也不会自动获得附加诉讼人（Nebenkläger）的身份，而是可以自由选择是否以附加诉讼人的身份参与到公诉中（前提是满足刑事诉讼法第395条关于附加诉讼人的条件）。

五、自诉转公诉的具体适用

本文将结合几种具体犯罪，展示自诉转公诉在实践中的运用方式。

---

[1] Walther, in: KK-StPO, 8. Aufl., 2019, §376, Rn. 6.

（一）侮辱类犯罪

德国刑法分则第十四章的标题为"侮辱罪"（Beleidigung），其中规定了（狭义）侮辱罪（刑法第185条）、恶言中伤罪（刑法第186条）、诽谤罪（刑法第187条）等一系列侮辱类犯罪。除了某些特定的例外情形，这些犯罪均为典型的自诉犯罪。

公诉是处理侮辱类犯罪的一种例外性的法律途径。和其他自诉犯罪一样，仅在案件中存在公共利益时，检察机关才被允许提起公诉。

《指令》第229条第1款对侮辱罪中提起公诉的条件作出了规定："如果不存在严重的名誉损害，例如在大多数家庭纠纷、家庭内闲聊、餐厅中的争吵的情形下，检察机关通常应当放弃提起公诉。反之，若存在严重名誉损害或刑法第188条（对政治人物的侮辱、恶言中伤或诽谤）的情形，则通常可以认为此时存在公共利益。对此可参阅第86条。"

这一条文是对前述《指令》第86条关于公共利益判断标准的一般性规定的补充，进一步解释了在侮辱罪中，何时可以认为存在发动刑事追诉的公共利益。根据该规定，此时最重要的判断标准就是"严重名誉损害"。名誉损害的程度不能抽象地判断，而要结合个案中被侮辱者与侮辱者的实际情况及其社会关系来具体考察。本款列举了三种通常不构成严重名誉损害的情形，即在家庭纠纷、家庭内闲聊和餐厅争吵中发生的侮辱行为。此外，在公共道路上做出侮辱性手势（如竖中指）的行为，在实践中通常也被认为不构成严重名誉损害。[①]

根据本款第2句，如果侮辱、恶言中伤或诽谤的对象是政治人物，则

[①] Kreiner, in: BeckOK-StPO, 40. Aufl., RiStBV §229, Rn. 3.

公共利益的成立通常无须以存在严重名誉损害为前提。然而，若行为本身已经满足第188条的要求，也即侮辱行为应足以严重妨害政治人物的公信力，则此时当然也成立对政治人物的名誉的严重损害。因而，在各种情况下，严重名誉损害都是判断侮辱罪中是否存在公共利益、是否可以由自诉转为公诉的核心标准。

（二）伤害罪

德国刑法第223条故意伤害罪和第229条过失伤害罪，也属于刑事诉讼法第374条规定的自诉犯罪。对公共利益的准确认定，是判断对伤害罪是否可适用公诉程序的前提。

对此，《指令》第233条在第86条的基础上，进一步细化了伤害罪中公共利益的判断标准。该条规定："当存在粗暴行为（rohe Tat）、严重虐待（erhebliche Misshandlung）或严重损害时，则可以肯定个案中具备发动刑事追诉的公共利益（参见第86条）。当伤害发生在紧密的生活共同体中时，上述规定同样适用；第235条第3项（儿童虐待）亦准用之。"

上述规定同时适用于故意伤害罪与过失伤害罪。如果伤害行为符合其中提到的具备公共利益的三种情形之一，则无须再进一步根据第86条，审查被害人生活领域之外的法和平是否受到了侵扰。不过，考虑到过失行为的性质，过失伤害罪中通常并不存在此处所谓的"粗暴行为"或"严重虐待"，因此，在过失伤害的场合，只能根据是否造成了严重的损害后果，来判断该犯罪行为中是否包含值得追诉的公共利益。在这一点上，也有学者建议应当将过失伤害中行为人违反注意义务的程度也作为公共利益的认定标准。[①]

---

① Kreiner, in: BeckOK-StPO, 40. Aufl., RiStBV §233, Rn. 1, 2.

《指令》第233条并未对"粗暴行为"与"严重虐待"给出明确的定义。不过,考虑到刑法第225条虐待被保护人罪中也使用了"粗暴虐待"(roh misshandelt)的概念,因此,可以参照对这一概念的解释来理解《指令》第233条中"粗暴行为"与"严重虐待"的含义:理论上通常认为,当行为人无视被害人的痛苦,或是以严重的行为后果表现出他毫无同理心的态度,并在这种态度的支配下对被害人施加了身体伤害,此时其行为即构成一种"粗暴虐待"。①

伤害罪是否触及公共利益的另一个判断标准是行为造成了"严重损害"。对此,应当综合考虑损害引发的其他后果,例如必须采取的诊疗的方式和规模、耽误被害人工作的时间以及被害人生理和心理上的后遗症等。如果被害人需要住院治疗或者损害导致被害人长时间不能工作,这时通常都可以肯定存在提起刑事追诉的公共利益。②

此外,《指令》第233条第2款明确指出,上述关于伤害罪公共利益的判断标准同样适用于紧密的生活共同体内部。在此,可以进一步参照《指令》第86条第2款关于公共利益的一般性规定——在紧密生活共同体中,如果由于行为人与被害人之间的私人关系而不能期待被害人提起自诉,则同样可以认为此时存在刑事追诉的公共利益。反之,根据《指令》第235条第3款规定,"如果在这种紧密生活共同体中,可以引入某种'社会教育、家庭治疗或其他支持性手段,并且这些手段取得积极成效的可能性很高',那么也应当认为个案中不存在公共利益"。总之,判断紧密生活共同体内

---

① Eschelbach, in: BeckOK-StGB, 50. Aufl., §225, Rn. 20.
② Kreiner, in: BeckOK-StPO, 40. Aufl., RiStBV §233, Rn. 3.

部是否存在公共利益的一项核心准则是,刑事诉讼程序不得影响上述支持性手段的成果,从而给行为人与被害人之间的紧密关系增添负担。[①]

　　以上是对德国刑事法中的自诉及自诉转公诉的法律规定、理论争议与实践适用所作的一个较为全面的梳理与总结。必须承认的是,即便是在刑事诉讼研究已经相当成熟的德国,对自诉尤其是自诉转公诉的探讨仍是相对稀缺的,且基本只是对刑事诉讼法条文的阐释,而缺乏深度的学理探讨与案例分析。以上介绍主要参考自德国学者与实务工作者编写的法典评注以及判例研究论文。尽管自诉只是德国刑事诉讼中的一个边缘话题,在实践中适用率极低,但是,德国学者与实务工作者的相关研究及经验总结,对于我国正确理解与适用自诉及自诉转公诉,仍有着重要借鉴意义。

[①] Kreiner, in: BeckOK-StPO, 40. Aufl., RiStBV §233, Rn. 6.

日本相关法律制度

蔡 颖[*]

日本刑事诉讼法中未规定自诉。日本刑事诉讼法第247条规定："公诉由检察官提起。"这意味着，其一，日本刑事诉讼法采用国家追诉主义，提起及维持刑事诉讼的权限由公诉机关独有，私人无权提起刑事诉讼。其二，日本刑事诉讼法采用起诉独占主义（亦称起诉垄断主义），除有特别规定的情况外，提起及维持刑事诉讼的权限由检察官独占。[①]

但是，这并不意味着被害人在刑事诉讼程序中完全没有影响力。日本刑事诉讼法第230条规定："受到犯罪侵害的人，可以告诉。"本条赋予被害人告诉权，进而在刑事司法程序中体现并尊重被害人的意思。同时，日本刑法中规定了亲告罪，这些犯罪"没有告诉则不能提起公诉"（告诉乃论）。亲告罪中告诉是诉讼条件，没有告诉，检察官不得提起公诉。被害人的告诉权从消极方向制约着国家追诉权的行使，客观上决定了刑事追诉

---

[*] 蔡颖，武汉大学法学院讲师。
[①] 三井誠ほか編『刑事訴訟法（新基本法コンメンタール）（第3版）』（日本評論社，2018年）307頁参照。

程序是否启动。从这个意义上说,日本的亲告罪制度可以理解为国家追诉主义的限制和有益补充,发挥着类似我国自诉的作用。其中的经验值得我们关注和参考。

一、亲告罪的范围

日本刑法典中,亲告罪主要包括:

(1)第13章侵害秘密之罪(含第133条开拆书信罪和第134条泄露秘密罪);

(2)第209条过失伤害罪;

(3)第224条略取、诱拐未成年罪,为帮助本罪为目的而犯的第227条移送被诱人等罪以及上述两罪的未遂犯;

(4)第34章侵害名誉之罪(含第230条毁损名誉罪、第231条侮辱罪);

(5)亲属相盗及准用亲属相盗的情况,具体而言包括:配偶、直系血亲或者同居的亲属之外的亲属间犯的第235条盗窃罪、第235条之二侵夺不动产罪、第37章诈骗及恐吓之罪(含第246条诈骗罪、第246条之二使用电子计算机诈骗罪、第247条背信罪、第248条准诈骗罪、第249条恐吓罪)、第38章侵占之罪(含第252条侵占罪、第253条业务侵占罪、第254条侵占遗失物等罪)以及上述犯罪的未遂犯;

(6)第40章毁弃及隐匿之罪中的部分犯罪,具体包括:第259条毁弃私用文书等罪、第261条损坏器物等罪、第263条隐匿书信罪。

在2017年刑法修改前,强奸罪、准强奸罪、强制猥亵罪、准强制猥亵罪及以猥亵或结婚为目的而实施的略取、诱拐未成年罪等也是亲告罪。这主要是出于尊重被害人意思以及保护被害人名誉、隐私等理由。但是，经过法务省组织的听证等发现，从实际情况上看，让肉体和精神均遭受重大侵害的被害人选择是否告诉，反而会使其感到窘迫，在一些场合，这样的选择还会让被害人陷入不安，担心告诉会招致被告人的报复等。将上述性犯罪规定为亲告罪，在不少情况下反而会加重被害人的精神负担。因此，2017年6月23日公布的《部分改正刑法的法律》将上述性犯罪排除在亲告罪的范围之外（非亲告罪化）。①

日本的附属刑法中也规定了亲告罪，例如，日本著作权法中规定的部分犯罪（具体参见该法第123条）、日本铁道营业法中规定的部分犯罪（具体参见该法第30条之二）、日本特许法中规定的部分犯罪（具体参见该法第200条之三）等。

另外，日本刑法中还规定了"没有请求则不能提起公诉"（请求乃论）之罪，如日本刑法第92条第2款规定，损坏外国国章等罪，没有外国政府的请求则不能提起公诉。又如劳动关系调整法第42条也规定了相关犯罪要等待劳动委员会的请求后再论。

二、亲告罪的根据

亲告罪的根据，是指法律将相关罪名设置为亲告罪的依据和基础。关于此，学界存在不同观点。较有力的观点是二分说和三分说。

二分说认为，亲告罪的设立主要存在两个根据，以此为标准又可以将亲告罪划分为两类。其一，一些犯罪具有较为特殊的性质，如果不考虑

---

① 今井将人「法令解説　性犯罪に対処するための刑法の一部改正」時の法令2036号（2017年）22頁参照。

被害人意思而进行追诉，反而可能侵害被害人的名誉、秘密等，因而将这些犯罪设定为亲告罪。例如，（修法前的）强奸罪、强制猥亵罪，以及毁损名誉罪、泄露秘密罪等。其二，一些犯罪比较轻微，没必要无视被害人意思而一律追诉，因而将这些犯罪设定为亲告罪。例如，过失伤害罪、亲属相盗的情形等。① 三分说则在二分说的基础上增加了一个根据和分类。具体而言，其一，为了保全被害人的名誉等，将（修法前的）强奸罪、泄露秘密罪、毁损名誉罪等规定为亲告罪。其二，为了尊重相关家属（关系），将亲属相盗及相关情形规定为亲告罪。其三，犯罪比较轻微没必要一律追诉，因而考虑被害人意思，将过失伤害罪、损坏器物罪等规定为亲告罪。②

虽然二分说、三分说占据着比较强势的地位，但也有学者提出了其他见解。例如，田口守一认为，亲告罪制度是对国家追诉犯罪的抑制，二分说、三分说所提供的理由不足以说明亲告罪制度的根据。其提供的理由并未说明，为何亲告罪制度所保护的利益高于国家追诉犯罪的利益。这里不能仅进行利益衡量，而必须说明为什么国家对犯罪的追诉在特定情况下要被抑制。对此，他认为，刑事诉讼的终极目的在于刑事案件的解决，发现犯罪事实、确保处罚犯罪人等不过是为了实现这一目的选项之一（当然，这一选项居于最重要且核心的地位）。案件当事人在诉讼外解决纠纷也可以被视为刑事案件的解决。亲告罪制度的意义就体现于此，即案件当事人通过亲告罪制度在诉讼外解决纠纷，国家就不再介入，这

---

① 增井清彦『（新版）告訴・告発』（立花書房，1988年）9頁参照。
② 参见［日］松尾浩也：《日本刑事诉讼法》（上）（新版），丁相顺、张凌译，金光旭校，中国人民大学出版社2005年版，第46页。

自诉转公诉的"庭前幕后":浙江余杭网络诽谤案

就限制了国家追诉主义。①

三、亲告罪中告诉的主体

(一)被害人

告诉以一定身份为前提,无告诉权的主体不能提起有效告诉。特别是在亲告罪中,告诉权的有无直接决定了是否可以开启诉讼程序,因此至关重要。日本刑事诉讼法第230条规定:"受到犯罪侵害的人,可以告诉。"原则上,告诉权人是被害人。这里的被害人是指直接受到犯罪侵害的人,不包括间接受到犯罪侵害的人。例如,行为人通过书面方式散布被害人(女)与他人通奸的事实,这并未直接侵害被害人丈夫的名誉,因而其丈夫没有告诉权。②所谓直接受到犯罪侵害的人,既包括相关犯罪保护法益的主体,又包括犯罪行为所直接攻击的对象。例如,妨害公务执行罪保护的法益是公务而非公务员,但公务员作为暴行、胁迫的对象可被认定为被害人。③告诉权人并不限于自然人,国家、地方公共团体,其他公私法人,以及其他没有法律人格的社团、财团等都有告诉权。例如,有限责任公司作为毁损名誉罪的被害人,有权提起告诉,但其告诉必须由公司代表(该案中为董事长)提起,监事提起的告诉无效。④

---

① 田口守一「親告罪の告訴と国家訴追主義」宮澤浩一先生古稀祝賀論文集編集委員会編『宮澤浩一先生古稀祝賀論文集(第1巻 犯罪被害者論の新動向)』(成文堂,2000年)256、258頁参照。
② 大審院1911年6月8日判決,大審院刑事判決録17輯1102頁参照。
③ 松本時夫ほか編『条解刑事訴訟法(第4版増補版)』(弘文堂,2016年)445頁参照。
④ 大審院1936年7月2日判決,大審院刑事判例集15巻857頁参照。

(二) 其他法定告诉主体

日本刑事诉讼法第231条第1款规定:"被害人的法定代理人可以独立提起告诉。"本款是被害人无完全行为能力情况下的相关规定。这里所说的法定代理人,是指亲权人或者监护人。本条所谓的"独立"提起告诉,是指不受被害人本人意思的影响进行告诉。当被害人有两名亲权人时,亲权人可以各自进行告诉。

关于法定代理权的性质,理论上存在不同观点。固有权说认为,法定代理人的告诉权是其固有的权利。即便本人的告诉权消灭,法定代理人仍可行使告诉权,而且本人不能撤回法定代理人的告诉。反之,独立代理权说认为,法定代理人不过是代理本人行使告诉权。本人的告诉权一旦消灭,法定代理人就不能提起告诉,本人可以撤回法定代理人的告诉。[①]日本司法实践更倾向固有权说,判例认为,被害人和法定代理人的告诉期间根据其知晓犯罪之日分别计算,即便被害人的告诉期间已过,也不会影响法定代理人独立行使告诉权。[②]

第232条规定:"被害人的法定代理人是犯罪嫌疑人、犯罪嫌疑人的配偶或者犯罪嫌疑人的四代以内血亲或三代以内姻亲的,被害人的亲属可以独立提起告诉。"当被害人的法定代理人是犯罪嫌疑人或者与犯罪嫌疑人具有较近的关系时,由于被害人与法定代理人之间存在利益冲突,无法期待法定代理人妥当行使告诉权,因此本条将告诉权人的范围扩大,以此保护被害人。

---

① 三井誠ほか編『刑事訴訟法(新基本法コンメンタール)(第3版)』(日本評論社,2018)294、295頁。
② 最高裁判所1953年5月29日決定,判例タイムズ31号71頁参照。

第231条第2款规定："被害人死亡的场合，其配偶、直系亲属或者兄弟姐妹可以告诉。但是，不得违反被害人已经明示的意思。"本款是被害人死亡的情况下的相关规定。相对于第1款的情况，本款规定的告诉权独立性较弱。一般认为，本款规定的告诉权是继承被害人地位而产生的固有权。在被害人死亡前已经丧失告诉权的场合，被害人配偶等不会因为被害人的死亡而获得告诉权。告诉人在告诉后死亡的，配偶等告诉权人不得撤回该告诉。

第233条规定："（第1款）对于毁损死者名誉的犯罪，死者的亲属和子孙可以告诉。（第2款）被害人对于毁损名誉的犯罪还没有提起告诉就死亡，同前款规定。但不得违反被害人已经明示的意思。"被害人已经死亡的情况下无法告诉，因此本条第1款扩张了告诉权人范围。毁损名誉案中，被害人在知道犯罪时往往距离犯罪发生已经过较长时间，而被害人在这期间死亡的场合，被害人家属对该犯罪所抱有的感情与毁损死者名誉的场合相近，因而为了平衡第1款而设定了第2款。

（三）指定的告诉主体

在亲告罪中还存在由检察官指定告诉权人的情况。日本刑事诉讼法第234条规定："亲告罪中，没有可以提起告诉的人的，检察官可以依据利害关系人的申请，指定可以告诉的人。"如前所述，告诉是追诉亲告罪的诉讼条件。但是，在一些情况下不存在满足前述条件的告诉权人，无人可以提起告诉，犯人则可能逍遥法外。例如，被害人被侵害后自杀身亡且没有适格亲属。为了刑罚权的正确行使，本条规定代表公共利益的检察官在上述场合指定告诉权人。需要注意的是，检察官指定告诉权人是以利害关系人的申请为前提的。所谓"利害关系人"，是指与告诉存在事实上的利害关系的人，事实夫妻、有婚约的人、恋人、朋友、雇主、债权人等都在此范围内。检察官在指定告诉权人时，往往会考虑申请人是否合适，如果合适的话会指定申请人为告诉权人。但是，是否指定告诉权人以及具体指定谁，都是检察官自由裁量的内容。检察官并不一定指定告诉权人，即便指定，也可能是申请人之外的其他人。指定一旦作出就不可撤回。另外，被指定为告诉权人的人可自由决定是否告诉，并不负担告诉的义务，且告诉后可以撤回。[1]

四、亲告罪中告诉的基本问题

（一）告诉的含义

告诉，是指被害人或者其他告诉权人向检察官或者司法警察人员作出的，报告相关犯罪事实且要求对犯人进行处罚的意思表示。[2]其核心内容是对犯罪事实的报告以及要求处罚犯人的意思表示。

事实报告应当足以确定具体的犯罪，但并不要求指明犯人的身份，也不要求详细说明犯罪的时间、场所、样态等。另外，报告人对事实的认识存在偏差，或者对罪名适用的理解存在错误，均不影响告诉的效力。例如，（修法前）告诉人告诉强奸未遂，但事后查明行为人没有强奸意思而仅构成强制猥亵罪，这属于对事实的认识存在偏差的情况；又如，告诉人告诉毁损名誉罪，但实际上行为人的行为不构成毁损名誉罪而构成侮辱罪，这属于对罪名适用的理解存在错误的情况。在这些情况下，只要相关事实与报告人报告的事实具有同一性，告诉的效力就可以及于最终认定的

---

[1] 松本時夫ほか編『条解刑事訴訟法（第4版増補版）』（弘文堂，2016年）452頁参照。
[2] 最高裁判所1951年7月12日判決，最高裁判所刑事判例集5卷8号1427頁参照。

犯罪事实和罪名。

如果告诉权人没有明确作出要求处罚犯人的意思表示则不属于告诉。例如，提交仅关于被侵害事实的报告，或者在侦查机关调查取证的过程中仅仅陈述被害的事实等都不属于告诉。另外，只要告诉权人表达的意思中包括告诉的核心内容，不论其是否正确理解告诉的含义，都不影响告诉的成立。例如，被害人对检察官说，"希望对犯罪的男人进行严惩，但我不告诉"。本案中，被害人因为法律知识欠缺，以为告诉是某种特别的诉，因而提出"不告诉"。但其意思表示中已经包含了告诉的所有要件，并不会因为其不了解告诉的含义而不成立告诉。①

（二）告诉的效果

告诉并不具有强制检察官起诉的效果，其效果仅仅是开启侦查。一般情况下，告诉的效果如下：（1）司法警察人员在收到告诉时，应当及时将有关文书及证物送交检察官（日本刑事诉讼法第242条）。（2）检察官应当及时告知提起公诉、不提起公诉、撤回公诉或者将案件移交给其他检察厅的检察官的决定（同上第260条）。（3）检察官作出不起诉决定的案件，如果告诉人提出请求，检察官应当及时告知不起诉理由（同上第261条）。（4）对特定犯罪（如公务员滥用职权罪等）提起告诉的告诉人，不服检察官不起诉决定时，可以请求该检察官所属的检察厅所在地的地方法院，将该案件直接交付法院审判。这被称为"准起诉程序"（同上第262条）。（5）不服检察官不起诉决定的告诉人还可以向检察审查会申诉，在此场合，检察审查会必须对不起诉决定是否妥当进行审查（检

---

① 最高裁判所1947年11月24日判决，最高裁判所刑事判例集1卷21页参照。

察审查会法第2条第2款)。

亲告罪中,告诉是诉讼条件,没有告诉就不能提起公诉。如果检察官在没有告诉的情况下仍提起公诉,则属于日本刑事诉讼法第338条第4项规定的"公诉提起程序违反相关规定而无效的",应该驳回公诉。

(三)亲告罪的告诉期间

刑事诉讼法第235条规定:"亲告罪的告诉,自知悉犯人之日起经过6个月的,不得提起。但是,依照刑法第232条第2款的规定由外国的代表人提起的告诉,以及对派驻日本国的外国使节实施刑法第230条或者第231条的犯罪而由该使节提起的告诉,不在此之限。"亲告罪的告诉期间开始于知悉犯人之日。所谓"知悉犯人",是指知道犯人是谁,这要求至少达到能确定犯人并与其他人区分开的程度,并不要求一定要知道犯人的姓名、年龄、职业、居住地等详细信息。[①]亲告罪中,被害人与犯人之间的关系往往是决定被害人是否告诉的关键因素,如果被害人对犯人身份的了解不足以进行上述考虑,则不能认为其已经知悉犯人,否则亲告罪的追诉并未真正尊重被害人的意思。另外,亲告罪的告诉期间在犯罪行为终了后才起算,即便告诉权人在犯罪过程中知悉了犯人,也不能以告诉权人知悉犯人之日起计算。例如,在毁损名誉案中,行为人将毁损被害人名誉的报道保存并放置在服务器中,设定为不特定多数的互联网使用者可以阅览的状态,在行为人删除该报道之前,损害发生的抽象危险持续存在,因此尽管犯罪行为已经既遂,但并未终了。此时不能开始计算告诉期间。[②]另外,日

[①] 最高裁判所1964年11月10日决定,判例タイムズ174号131页参照。
[②] 大阪高等裁判所2004年4月22日判决,判例タイムズ1169号316页参照。

本刑事诉讼法第236条规定："可以告诉的人有数人时，其中一人超过期间的，其效力不影响其他人。"告诉权人的告诉期间分别独立计算。

（四）告诉的撤回

日本刑事诉讼法第237条规定："（第1款）告诉在提起公诉之前可以撤回。（第2款）撤回告诉的人，不得再行告诉。（第3款）前两款的规定，准用于有请求才受理的案件中的请求。"本条的目的是防止个人任意地左右国家刑罚权的发动。值得注意的是，尽管告诉可以撤回，但告诉权不可抛弃。日本判例认为，告诉权是刑事诉讼法承认的被害人权利，但是，在亲告罪中，告诉是提起公诉的必要条件，其中的法律关系是国家与被害人之间的公法关系，尽管日本刑事诉讼法规定了被害人可以撤回告诉，但由于没有关于抛弃告诉权的规定，因此被害人无权抛弃亲告罪的告诉权。①

五、亲告罪具体适用的疑难问题

（一）告诉不可分（原则）

日本刑事诉讼法第238条规定："关于亲告罪，对共犯中的一人或者数人提起或者撤回告诉的，其效力及于其他共犯……"本条规定了告诉不可分（原则）。一般认为，告诉不可分包括主观不可分和客观不可分，本条是关于主观不可分的规定。主观不可分，是指告诉人不能指定告诉具体的犯罪人。在多人共同犯罪的案件中，告诉人即便仅指定对其中一人或数人提起告诉，该指定也没有意义，告诉的效力会及于所有犯人。笔者认为，上述内容可能更接近"主体不可分"。

---

① 名古屋高等裁判所1953年10月7日判决，高等裁判所刑事判例集6卷11号1503页参照。

主观不可分是告诉概念中的题中之义。如前所述，告诉的两个要素分别是对犯罪事实的报告以及要求惩罚犯人的意思表示，其中并不包含选择具体惩罚对象的内容。因此，告诉人提起告诉时，只要包含了告诉的两个要素，无论其是否指定具体的犯人，该告诉都能成立。而当告诉人撤回告诉时，如果其只希望不处罚具体的犯人，而并没有放弃对整个犯罪的告诉，则需要考察其指定撤回告诉的人是否是本案中的"犯人"。例如，告诉人告诉A和B两人共同毁损其名誉，随后撤回了对B的告诉，然而，最后A被认定为与B无关的单独犯，所以告诉人撤回对B的告诉的效果并不能及于A。[①]本案中，告诉人虽然撤回B的告诉，但由于B并非本案的"犯人"，因而该撤回没有意义。如果告诉权人撤回告诉的真意并非放弃对某个具体犯人的惩罚，而是无论犯人是谁都不想再追究了，则无论告诉权人是否指定了撤回告诉的人，均不能继续追诉相关犯罪。

通说认为，主观不可分在相对亲告罪（以一定身份关系为前提的亲告罪）中存在例外。例如，亲属相盗的案件中有多个共同行为人，其中包含无亲属关系的行为人和有亲属关系的行为人。在此场合，被害人仅告诉无亲属关系的行为人，该告诉的效力不会及于有亲属关系的行为人。理由在于，日本刑法关于亲属相盗的规定本就是考虑到告诉权人和犯人之间的身份关系而由被害人决定是否处罚犯人，如果仅因为被害人告诉无身份关系的犯人而当然地认为该告诉的效力及于有身份关系的犯人，则该规定的目的无法实现。还有观点认为，对无身份关系的共犯人的告诉不属于亲告罪

[①] 大審院1938年2月28日判决，大審院刑事判例集17卷141页参照。

的告诉,与亲告罪的告诉的主观不可分无关。①

尽管本条中并无明文规定,但刑事诉讼理论还主张告诉的客观不可分(原则)。客观不可分,是指一个犯罪事实的一部分的告诉或者取消,其效力及于全部犯罪事实。一般认为,客观不可分不仅可以适用于单纯的一罪,原则上还可以适用于想象竞合、牵连犯等科刑的一罪。例如,行为人盗窃被害人种有玉米的土壤,盗窃行为同时损坏了玉米,被告人告诉盗窃的效果及于毁损玉米的行为。②但是,当可能导致亲告罪的设定目的落空的场合,不能适用客观不可分原则。例如,当强奸(修法前的亲告罪)与侵入住宅(非亲告罪)构成牵连犯的场合,告诉非亲告罪部分(侵入住宅)的效果不应该及于亲告罪的部分(强奸)。③

(二)亲告罪中告诉的追补

亲告罪的案件中,如果检察官在没有告诉的情况下提起公诉,在判决之前追补告诉,是否可以认定符合诉讼程序要求?关于这个问题存在较大的争议。肯定说认为,不能静态地理解具有发展性的诉讼。否定告诉的追补,判决驳回起诉而要求检察官再次起诉,这并不经济。与之相对,否定说则认为,肯定告诉的追补,不仅否定了亲告罪的明文规定,而且以不合法且无效的程序强制被告人应诉,这属于较为重大的瑕疵。折中说认为,一概否定或者肯定告诉的追补都不合理,应该在特定的场合肯定告诉的追补,如在开头程序之前追补的场合、得到被告人同意的场合等。否定说既

---

① 三井誠ほか編『刑事訴訟法(新基本法コンメンタール)(第3版)』(日本評論社,2018)299頁。
② 東京高等裁判所1958年5月31日判決,判例タイムズ82号37頁参照。
③ 参见[日]松尾浩也:《日本刑事诉讼法》(上)(新版),丁相顺、张凌译,金光旭校,中国人民大学出版社2005年版,第173页。

是通说，又得到了判例的支持。①

和上述情形接近的是，检察官在没有告诉的情况下以非亲告罪起诉，在审判过程中查明是亲告罪的场合，是否可以肯定告诉的追补？日本司法实践倾向肯定告诉的追补。判例认为，上述场合中，并非一开始就需要告诉，而是诉讼程序推进导致诉因变更等，进而需要以亲告罪进行审判。从诉因变为亲告罪这个时点开始，告诉才是必要的，在现行法的诉因制度下，只要该时点存在有效的告诉即可认为具备诉讼条件而可以进行实体裁判。这完全不同于从一开始检察官就无视告诉的缺失而强行起诉亲告罪的情形。②

（三）非亲告罪化法律的溯及适用问题

如前所述，日本2017年颁布了《部分改正刑法的法律》，将部分犯罪非亲告罪化。根据该法附则第2条第2款，在该法施行前犯强制猥亵等亲告罪的，在该法施行后，除非该法施行时法律上已不能提起告诉，即便没有告诉也可以提起公诉。在一个案件中，辩护律师提出，上述规定违反了溯及禁止的原则而违宪。针对此，日本最高裁判所指出，《部分改正刑法的法律》将亲告罪非亲告罪化，并不是溯及性地加重行为时点相关行为的违法性评价或者责任程度。该法附则第2条第2款并未明显造成犯罪嫌疑人或者被告人在法律上的地位的不安定，并未违宪。③

---

① 上口裕「訴訟条件と訴因——親告罪の告訴」井上正仁ほか編『刑事訴訟法判例百選（第9版）』（有斐閣，2011年）109頁参照。
② 東京地方裁判所1983年9月30日判決，判例時報1091号159頁参照。
③ 最高裁判所2020年3月10日判決，最高裁判所刑事判例集74巻3号303頁参照。

后　记

浙江余杭网络诽谤案，是全国首例由自诉转公诉的诽谤案件，在依法惩治网络犯罪、维护网络秩序、保护公民人格尊严方面具有标杆意义。因为是首例，没有既有的经验可供借鉴，法律、司法解释也缺少具体、明确的规定，所以在办案之初，存在不同的认识。但随着办案的深入，大家的认识逐步统一，深刻感受到这起诽谤案区别于以往传统的社区、村社内小范围的诽谤，网络的传播方式使其危害产生裂变，不仅严重损害了被害人的人格权，更扰乱了网络公共秩序，侵害了公共利益。为此，公安司法机关主动担当作为，将案件转为公诉案件办理，不仅解决了被害人的维权困境，也体现了公安司法机关依法打击网络犯罪的决心，更树立了"网络不是法外之地"的观念。

以本案为契机，为全面展现办案过程，向全社会提供引领司法理念、促进法治社会建设的法治宣传产品，根据最高人民检察院院领导的指示，第一检察厅、新闻办公室、检察日报社、方圆杂志社、中国检察出版社和浙江省检察院组织力量编写了本书。同时，为巩固经验、完善制度、强化指导，第一检察厅将进一步加强研究，通过选编指导性案例，会同相关部

后　记

门研究制定规范性文件，积极适应网络时代和民法典时代公民人格权保护的法治需求。

在编写过程中，第一检察厅纪丙学、陈雪芬，检察日报社方圆杂志社陈录宁、刘亚与中国检察出版社周密等同志密切配合，积极开展工作。第一检察厅苗生明厅长、罗庆东副厅长审定稿件并提出意见。浙江省检察院贾宇检察长、孔璋副检察长、余杭区检察院陈娟检察长和浙江各政法机关给予大力支持与协助。全国人大代表刘广河、方燕、邓大玉、廖爱莲，全国政协常务委员朱永新欣然接受采访并提出建设性的对策建议。樊崇义、刘仁文、车浩、熊秋红、张建伟、吴宏耀、时延安、孙道萃、李翔、李勇、蔡颖、陈尔彦等法学教授、学者及实务专家撰写文章，提供了深厚的理论支撑。夏敏诙法官、丁灵敏检察官、孔凡宇检察官结合案件办理，畅谈心得体会。吴国章、刘祚良、侯爱文、刘栋等律师也积极开展讨论研究。正是在各方共同努力下，本书才能够顺利付梓。

由于时间仓促，本书编写中还存在诸多不足之处，敬请读者朋友批评指正。

编者
2021年10月